一位小学校长的教育追寻

悦教育 悦成长

EDUCATION AND GROWTH

史兆霞 / 著

郑州大学出版社

图书在版编目（CIP）数据

悦教育·悦成长 / 史兆霞著 . — 郑州 : 郑州大学出版社 , 2021.5

ISBN 978-7-5645-7860-2

Ⅰ . 悦… Ⅱ . 史… Ⅲ . 小学 – 校长 – 学校管理

Ⅳ . G627.1

中国版本图书馆 CIP 数据核字（2021）第 085324

悦 教育 · 悦 成长

YUE JIAO YU · YUE CHENG ZHANG

策划编辑	徐 栩　呼玲玲	封面设计	刘 朋
责任编辑	徐 栩	版式设计	刘朝阳
责任校对	呼玲玲	责任监制	凌 青　李瑞卿

出版发行	郑州大学出版社有限公司	地　址	郑州市大学路40号（450052）
出版人	孙保营	网　址	http://www.zzup.cn
经　销	全国新华书店	发行电话	0371-66966070
印　刷	河南匠心印刷有限公司		
开　本	710 mm×1 010 mm　1 / 16		
印　张	13.5	字　数	210 千字
版　次	2021 年 5 月第 1 版	印　次	2021 年 5 月第 1 次印刷

书　号	ISBN 978-7-5645-7860-2	定　价	68.00 元

基于"悦"的教育智慧与教育情怀

■周宝荣

当前的基础教育教学改革已经进入深水区，一个"好校长就是一所好学校"的传统说法遇到了极大的挑战：办学理念应该怎样有效引领学校发展，并成为一种精神写照呢？

在任职校长八年的探索发展中，史兆霞校长寻找到了这种内涵，即：还教育以愉悦，赋成长以快乐，并将其升华为学校文化，让教育回归生命的现场。儿童文学作家秦文君曾说："教育应是一扇门，推开它，满是阳光和鲜花。"这样的描述表达了一种美好的理想。事实是，如今的学生，面临着不断加重、要减却减不了的课业负担；如今的教师，面临着既要发展自己又要成绩突出的艰难；如今的家长，面临着对孩子未来发展的担忧而无法让孩子张扬个性的窘境。教育就是成长。如果我们的教育不能给学生以愉悦，不能让学生乐在其中，他们的成长就无快乐可言。知识是我们精神成长和提升生命质量不可缺少的营养，离开对知识的学习和掌握，不可能有生命的延续和发展。但如果学习过程苦不堪言，学习的主动性就会丧失，所获取的知识就不具备生命的意义，反而成为生命的负担，就会压抑和浪费生命。

史兆霞校长和她的团队充分认识到"悦"在教育中的重要性，将"悦教育·悦成长"作为学校文化底色，从关注教学方式层面的改革转向教育生态整体的变革，体现了与新时代教育精神的高度契合。提高教育质量，提升教育品位，促进学生全面、健康、和谐、可持续发展，是学校教育永恒不变的价值追求。"悦教育·悦成长"的提出并实施，符合新课改由关注结果转变为关注过程的方向性要求，更加强调"教"与"学"的过程体验，使"教""学"真正成为一种愉悦的精神享受，对实现更加全面、更有效益、更加公平、更富活力、更有贡献力、更有竞争力的教育质量起到了积极的推进作用。

缘于教育科研，我和史兆霞老师相识已 20 余年了。从一线普通教师成长为河南省特级教师、河南省名师和省城名校的掌舵人，我见证了她一路走来的串串足迹。史兆霞老师对教育有着一种特别的情怀。她热爱教育，真挚而忘我；她研究教育，创新而发展。《悦教育·悦成长》一书，既是一位小学校长教育追寻的回望，也是立足学校、着眼未来的教育创新的机制探索。从理念提出到此书付梓，经历了起步探索、融会贯通、升华提升诸阶段。本书是史兆霞校长带领她的团队在探索悦教育过程中的阶段性成果。一种教育思想、一个教育实践如果真正对学校教育的改善和变革有所推进的话，它就应该和学校的校长、教师、学生甚至家长一起面对真实的教育处境，一起为寻找可能的道路而努力。史兆霞校长和她的老师们，用心、用情、细致、谨慎地成全每一个生命，努力让学校教育的每一个环节都面朝大海，春暖花开，努力让每一个孩子都处在教育的现场，努力打造优良的教育生态，促进每一个学生快乐地、创造性地、富有个性地发展，实乃教育之大幸。

《悦教育·悦成长》来自一线，长于沃土。它彰显的既是一种教育情怀，也是一种教育责任的担当，更是一种教育使命的宣示。它虽尚显稚嫩但朴实无华。我深信，悦教育，悦成长，一定会枝繁叶茂，郁郁葱葱。特为之点赞，并以以上文字为之序。

2021 年 1 月 10 日

于河南省教育科学研究院

让教育与愉悦同行

——写在前面的话

作为校长，我与每一位有情怀的教育人一样，有孜孜以求的教育梦想，有矢志不渝的教育追寻。

斗转星移，岁月沧桑。30年的教育之旅，8年的校长履职，风雨兼程，品味酸甜苦辣，体验世间百态，欣赏沿途美景，感受得失成败；艰苦跋涉，积淀行行步履，历经重重变革，播撒智慧种子，收获教育幸福。其中，最大的精神财富就是丰润了教育思想。

多年来，我一直在思考这样一个问题：小学教育，究竟是一种什么样的教育生态？小学教学，究竟应该遵循一种什么样的内在规律？我们的教育教学，能否带给孩子们欢快和愉悦？6年的小学生活，是不是真的还孩子们童真的无邪、学习的愉悦，让孩子们时时感受成长的快乐呢？

童颜如花梦灿烂。小学教育，应为"开启"而进行。"开"甚？开聪颖机敏之慧；"启"何？启智慧见识之心。而这"开启"之关键，在"悦"。"悦"是一种情绪、一种心态、一种感觉。教育从"悦"出发，为"悦"而教，因"悦"而学，缘"悦"成趣，由"悦"生智。让教育与愉悦同行，诚如是，我们的教育就增添了生命的内涵，就具有了鲜明的回归属性，就会连结聚焦到人的完整发展和灵性生长这一"原点"上来。

基于此，我结合校情、师情和生情，在数次研讨、反复论证、借鉴创新的前提下，以"把儿童放在教育教学的中央，关注儿童的学习需求与兴奋点"为主旨，从"丢下负担，感受快乐；丰富经历，个性发展；悦动校园，自主成长"这一原则出发，开启了悦教育行动之旅。我们的师生因"悦"而乐，我们的教育因"悦"而"越"！

多年的跋涉与探索，年复一年、日复一日的碰撞与完善，在集专家、教师、学生、家长智慧于一体的基础上，形成了"一轴·三纬·六经线"的悦教育体系。通过践行悦文化，立学校发展之灵魂；实施悦教育，树学校教育之品牌；成就悦人生，谱写"悦·思·彩·翔"美丽篇章。

　　这是一次充满挑战和机遇的创新之旅；

　　这是一次学校全方位、立体化的实践探索；

　　这是一次凝聚众人之力、深化课程改革的攻坚之役！

　　丹青难写是精神。回首来路，但见山重水复，那一处处旖旎的风景中，星星点点，闪烁着曾经发生过的美丽的教育故事，那是心血与智慧的结晶，是使命与责任的诠释，是创新与奋进的执着。

　　悦教育，我们永远在路上！

文兆家

2021 年 1 月 16 日

第一章

绪　论

教育大地上的诗意耕耘

这是一部新时代教育创新、绘就育人新篇的探究之作；这是一段不负韶华、谱写杏坛华章的砥砺征程。在这里，教育与愉悦同行；在这里，成长和愉悦相随；在这里，春风化雨，润物无声。

第一节 悦教育的内涵

　　"为党育人，为国育才"是中国特色社会主义教育的政治使命。在加快教育现代化、建设教育强国、办人民满意的教育的新时代背景下，完善中国特色社会主义制度下的教育培养目标、方式和途径，努力构建德智体美劳全面培养的高质量教育体系，创新教育理念，创新教育内容和教学方式已成为时代之需、社会所望、人民所盼。不忘初心，方得始终。面对新的时代大势，面对党中央对教育寄予的厚望，深感使命神圣，责任重大。为此，思考我们的教育、反思我们的教育、创新发展我们的教育，是新时代教育工作者义不容辞的职责。我在初任校长期间，从新时代教育的使命和担当着眼，结合学校和学生实际，提出了悦教育的主体架构。经过八年的不断探索，形成了"悦文化·悦教育·悦人生"的办学理念。对我而言，这是一种教育追寻，更是一种教育情怀。

　　教育家诺丁斯曾说，学校应该带给学生快乐与欢笑，课程应充满生机与活力。学校生活尤其是学习过程快乐与否，对孩子一生的幸福都将产生重要影响。教育即成长，悦教育即快乐成长。就教育的本质而言，愉悦的体验应该是其基本属性之一，一方面是教育本身"固有"的，另一方面是在教育过程中不断"赋予"的。也就是说，我们要赋教育以"悦"；从另一方面说，是要挖掘教育内在所具有的"悦"。从学校而言，既要营造悦教育的文化，又要创设悦教育的生态，更要搭建悦教育的实施路径；从教师而言，既要点燃悦教育的激情，又要点化悦教育的过程，更要丰富悦教育的环节；从学生而言，既要融入悦教育的氛围，又要生发悦教育的渴望，更要迸发悦教育的感受。一句话，悦教育是学校、教师和学生全方位、立体式的教育情感互动、教育过程互补、教育效果互应的、完整的、有机的教育链条。正如后现代主义课程专家多尔所说："真正的学校，那是儿童集体的丰富多彩的精神生活，它以多种多样的志趣和爱好把施教者与受教育者联系在一起。"

一、悦教育的概念界定

教育家卢梭说："教育的目的是要培养身心和谐发展的人。"身心和谐发展，从教育过程和学习过程而言，一定是兴奋的、愉悦的，并且这种兴奋和愉悦是主动的、情不自禁的。《论语》有言："知之者，不如好之者；好之者，不如乐之者。"以乐为学，以乐求知，乃为学之根本。教育是对心灵的唤醒，是由内而外地唤醒人的创造力。每一个孩子都有独一无二的兴趣、情感、思维、潜质，是鲜活的生命个体。教育应使儿童的身心得到自由快乐发展，应做孩子们愿意做的事情，学孩子们渴望的知识。学习是享受乐趣的过程，是经历知识体验的过程，学校的教育实施要千方百计地满足学生选择兴趣、丰富情感、发展个性的成长需求。

教育的核心价值是"悦"。教育从"悦"出发，为"悦"而设，因"悦"而教，由"悦"而学，师生双方都达到了"悦"。悦教育存在于师生的教育行为始终。教师在悦教育中体现的是教育的价值、人师的价值，学生在悦教育中经历的是愉悦的成长、愉快的童年。教育从"悦"出发，师生的成长都是不断超越自我的过程。

悦教育作为一种教育理念，立足于新课程的学习观。坚定确立以人为本的指导思想，坚持以学生的发展为中心，充分调动和发挥学生学习的主动性、积极性和创造性，促进每一个学生全面、健康、快乐地成长，是现代学习观的核心，也是课程改革的目标之一。因此，我们在教育教学实践中要走向新的学习观，就应当坚持以学生的全面发展为中心来设计我们的教育活动，让学生真正成为学习活动的主体。也就是说，我们的教育教学，无论是课程规划、内容安排、教学设计，还是学习情景、学习方式、学习效果，都要紧紧围绕"悦"，都要紧紧围绕以学生积极参与、愉快参与、主动学习、主动发展为中心这个基点来进行。

悦教育作为一种教育理念，立足于新课程的学生观。新课程改革把"一切为了每一位学生发展"作为核心理念，就是要强调教育要面向全体学生。学生是发展的人，我们的教育，要能满足学生发展的需求；学生是独特的人，我们的教育要还学生完整的生活世界，丰富学生的精神生活，给学生充分展现个性力量的时间和空间；学生是具有独立意义的人，我们的教育要激发学生的学习兴趣，调动学生的学习乐趣，引导学生在积极、愉悦的学习过程中，获得知识、发展能力、形成良好的思维习惯和学习品质。

悦教育作为一种教育理念，立足于新课程的课堂观。新课程理念倡导建构性学习，尤其强调课堂教学要培养学生获取新知识的能力、分析和解决问题的能力以及主动参与、交流合作的能力。基于此，在有情、有理、有趣、有法的教学环节中，在学生想学、要学、乐学、会学的过程中，我们的课堂教学才能由"悦"而"越"。

悦教育作为一种教育理念，立足于新课程的评价观。核心素养是新课程改革的一个核心概念，也是实施课程评价的目标指向，它的聚焦点落在了学生应该具备的最基本、最重要、最关键的知识、能力、情感、价值观上。核心素养关注的是人，课程、教材、教学都是为学生的学习和发展存在的，课程、教材、教学的价值意义就体现在学生的学习和发展上，学生缺席了，课程、教材、教学的意义何在呢？而悦教育正是立足于核心素养，从学生的全面发展和个性发展立意，通过悦教育的全面实施，确保每一个学生都能学有所乐，学有所获，学有所长。

二、悦教育的内涵阐释

悦教育是我们的核心教育理念。就个体而言，"悦"是一种心理感受和精神状态；就群体而言，"悦"是一种文化氛围和精神态势。悦教育是一个整体概念，它包括"悦"学校教育、"悦"家庭教育和"悦"社会教育。

学校教育以"悦"而言，包括悦趣课程、悦学课堂、悦彩德育、悦研教师，悦享评价、悦读越美等。

家庭教育以"悦"而言，就是让家庭教育真正回归教育的主场。家长们有童心之乐为一悦，有陪伴之趣为二悦，有榜样之力为三悦，有帮助之慧为四悦。家校共育，并力同行，其悦融融。

社会教育以"悦"而言，就是拓展和整合有效的教育资源。社会实践悦成长，志愿服务悦收获，亲近自然悦感悟，参观游学悦视野。风声、雨声、读书声，家事、国事、天下事，社会即学校，资源即教育。

悦教育是我们的教育特质。从育人目标到办学策略，从办学愿景到发展路径，从"一训三风"到学校宣言，从课程开发到课堂教学，从课程评价到生涯规划，从服务理念到师生誓词，悦教育多维度、全景式地明确了我们的教育特质。

悦教育是我们的教育文化，它既是文化的载体，其本身又是一种文化，同时承担着文化发展的重任。教育文化是教育的灵魂。文化决定精神品位，文化决定信仰高度，文化决定灵魂梯级。学校、家庭、社会，我们的教育大链条以"悦"相连，互为一体；课程、课堂、评价，我们的教育内循环以"悦"环绕，环环相扣；环境、氛围、精神，我们的教育生态以"悦"润泽，春风化雨。悦教育升华悦文化，悦文化促进悦成长。

悦教育把优质教育的国家意志，演绎成了卓有成效的实践行动。在悦教育理念的引领下，我们践行多元智能理论，创新人才培养模式，发现并发展学生早期的智慧天赋，重视学生非智力因素的开发，关注学生的终身发展和幸福，关注每一个学生的成长，唤醒学生追求自我成长的生命意识，提供适合每一个学生智能特点及个性特长的教育方式，让每一个学生都能身心愉悦、幸福快乐，让每一个学生的潜能都得到和谐发展，从而实现教育创新发展、学生全面而有个性地发展、教师专业发展与学校特色发展的四位一体的发展目标。

第二节 悦教育的价值指向

"悦"教"悦"学，当始于至圣先师孔子。两千多年前的那个暮春时节，当一群春服既成的莘莘学子，簇拥着那位循循善诱、诲人不倦的蔼然长者，从沂水边踏青归来，你一言，我一语，各言其志，其乐融融之时，就写就了悦教育的初始乐章。从古至今，我们的教育随着时代的发展，跌宕起伏，其薪火传承，弦歌不辍。其间大家辈出，星河灿烂。前辈大师们的教育智慧和教育实践，在我国古代、近代、现代及当代教育的史册上矗立起座座丰碑。继往开来，还教育以情感，赋教育以生命，为学生打开一扇又一扇窗户，把整个世界作为课程，拓展学生的视野，放大教育的格局，让我们的教育过程明亮起来、温暖起来、愉悦起来、智慧起来，是我们这一代教育工作者的责任和使命。

教育应该富有诗意，充满诗性，洋溢快乐。学校要让我们的孩子多沐浴一些阳光，多感受一些温暖，多享受一些诗意。课堂多一些鼓励，课外多一些笑声。因为，科学的睿智，知识的甘霖，身心的愉悦，都是孩子们成长不可或缺的营养，都会对他们的未来产生不可估量的作用。

基础教育是国民教育体系的基础。习近平总书记指出"基础教育在国民教育体系中处于基础性、先导性地位"，小学教育如何围绕"基础性""先导性"展开？如何把"基础性""先导性"落实到教育教学的整个过程和各个环节？这应该是我们每一位小学校长和每一位小学教育工作者深思的问题。

创新育人方式，深化人才培养方式改革，培养德智体美劳全面发展的社会主义建设者和接班人，是中国特色社会主义教育事业的内在要求。理念更新自我，创新引领未来。悦教育的深入研究和探索，是在吸收我国民族教育的智慧，借鉴国外先进的教育理念，顺应新时代发展潮流的背景下进行的。客观地说，悦教育上通天气，下接地气，发于基层，源于实践，有个性、有生命、有血有肉。

悦教育的研究立足学校，发展学校。课程改革的终极目标是以校为本的发展，各美其美，美美与共是教育繁荣的生动诠释。增进全体人民更多获得感，增进人民更多幸福感，增进人民更多安全感，努力让人民享有更好更公平的教育，是新时代教育肩负的新使命。悦教育的研究据此立意，从地域现状、学校实际、资源分布、师生构成等方面综合考量，从"发展学校特色、打造教育品牌"着眼，从"教好一个学生，幸福一个家庭；办好一所学校，惠泽一方百姓"定位；立足学校，发展学校，成就学校。

悦教育的研究立足教师，发展教师。百年大计，教育为本；教育大计，教师为本。学校教育教学工作的实施，必须也只有靠教师来完成。只有教师幸福愉悦，才有教育的幸福愉悦和学生的幸福愉悦。悦教育是一种教育理念的更新、一种教育行为的转变、一种教育智慧的体现，它促使教师从经验型向研究型、从单一型向综合型转变。转变即蜕变，转变即超越，转变即发展。时代需要"有理想信念、有道德情操、有扎实学识、有仁爱之心"的好教师，而悦教育的研究与实施，为"四有"好教师的不断涌现搭建了一个良好的平台。

悦教育的研究立足学生，发展学生。"以学习者为中心"是悦教育的出发点和归属点。"为了学生，发展学生，成就学生"是悦教育的本真。"丢下负担，感受快乐；丰富经历，发展个性；体验成功，幸福成长"是悦教育的主旨。还学生童真的快乐，还学生学习的快乐，让学生感受到成长的快乐。激发学生的学习兴趣，培养学生的求知乐趣，涵养学生的生活情趣。在悦教育的实施下，点燃学生的心灵之光，扩展学生的心灵空间，丰富学生的精神世界。我们的学生会因创造而美丽，因快乐而健康，因成长而智慧。

悦教育的研究立足于教育创新，助推教育创新。作为一种教育理念，从萌发、研究、定型到推广，应该经历从实践中来到实践中去这么一条必经之路。源于实践，其根必壮；长于实践，其干必繁。时下有一些所谓的教育理念，或高谈阔论，或故弄玄虚，或模棱两可，或逻辑混乱，鱼龙混杂，不一而足。实践是检验真理的唯一标准。我认为，作为一种教育理念，就学校教育的实践过程而言，必须能用、有用、好用、有效，看得懂、讲得清，简洁中有内涵，借鉴中能发展。这种理念，能听得到学生们的笑声，听得到老师们的心声，看得到校园里生命的涌动。悦教育的研究，要义亦正如斯。

第三节 悦教育研究的实践逻辑

作为校长，我常常问自己：我们的每一节课，孩子们都入心入情吗？我们的每一项教育活动，每一个教育环节，孩子们都喜欢吗？日复一日，年复一年，孩子们的学校生活快乐吗？记得是八年前的一天中午，一位家长匆匆赶到学校找到我说："史校长，我女儿这几天情绪很不正常，晚上哭了好多次，她说不想上学了。您说孩子这么小，不上学咋办呢？"家长的话让我心灵震颤。下午放学的时候，我陪这个孩子一起走，我问她："孩子，我看你满脸的不高兴，能告诉老师为什么吗？"孩子是单纯的，不会掩饰。她告诉我："老师，我不想上学了，学习一点劲儿都没有，我不快乐。"这虽然是个个例，但它说明一个问题，我们的教育有问题，我们的教育不能让每一个孩子心生欢喜。我坐不住了，从那一天起，我开始了长达两个多月的教育效果调查。从家长访谈、师生交谈、课堂听课、问卷调查、校内校外跟踪观察等诸多方面印证，结论是：一些学生学校生活并不快乐！童颜如花梦灿烂，6~12岁年龄段的孩子理应天真烂漫、无忧无虑，什么原因导致他们少年却有愁滋味，郁郁寡欢少笑容呢？调查研究就是答案。导致学生学校生活不快乐的原因，归纳起来如下：学校课程开设单一化，满足不了学生个性化发展需求；教学过程呆板化，满足不了学生新奇探究的天性；教学方法陈旧化，调动不了学生探究新知识的积极性和能动性；学习生活格式化，催生了学生厌倦情绪；教育外延狭窄化，束缚了孩子们的心胸与视野；学校生活成人化，关闭了师生心与心交流、情与情碰撞的通道。哎呀！单一化、呆板化、陈旧化、格式化、狭窄化、成人化，"六化"如是，学生能快乐吗？他们能快乐起来吗？

课程改革首先考虑的是培养什么人、为谁培养人、怎样培养人的问题。"促进每一个学生发展"就是将学校的人培养成社会的人、完整的人。基本知识与基本技能扎实，但是知识面狭窄、知识与知识联系不起来、学生没有自己支配的时间和空间、自信心不足、好奇心缺失、情感体验缺位、实践探究不够、创新能力匮乏，如是种种，正是我们的教育面临的实际问题。教育哲学家杜威说："只有当相继出现的经验彼此结合在一起的时候，才能存在完整的人格。只有建立起各种事物联结在一起的世界，才能形成完整的人格。"教育的缺失让我们真正清醒，必须用一种整体的观点看待学生的成长，必须用一种整体的观点进行课程构建，必须用一种适合少年儿童心理特点的方式推进教育实施。一句话，必须更新教育理念，转变教育思想，变革教学方式，优化教育行为。

问题找到了，思想明朗了，思路清晰了，但是从哪儿切入、如何切入？切入点至关重要。切不准，事倍功半，甚至无功而返。这个切入点应该是个纲，纲举目张，抓住它，由此切入，定能事半功倍。万事皆起于情，情由心生。只有把学生们的童心童趣激活，童纯童真才能天性尽显。这个激活点就是"悦"！"悦"是一种情绪、一种心态、一种感觉。教育从"悦"出发，为"悦"而教，因"悦"而学，缘"悦"成趣，由"悦"成智。这样的教育，可称之为人间大美。教育与愉悦同行，教育就增添了生命的内涵；教育与愉悦同行，就会连结聚焦到人的完整发展和智慧生长这一"原点"上来。

悦教育立意的动因和目的明确了，我们的研究自然而然循"悦"而行。从课程到课堂，从学校到家庭，从校园到社会，我们延展了教育的宽度。从知识到实践，从思索到创造，从体验到感悟，我们增加了教育的厚度。悦教育的研究实施让我们真切地明白了一个道理，教育过程应该是包括教师、学生、家长、社会、自然的互为一体，体现科学、人本、艺术、人文、道德的内在整合。悦教育强调科学知识与生活世界交汇、理性认识与感性认识融合。悦教育证明了一个事实——教育的内涵和教育的外延等同。

第四节 悦教育研究的校本化路径

悦教育的研究历时 8 年。研究过程中，我们依循着"宏观立意—微观立行—校内为主—校外补充"这样一条路径，采取"案例剖析、问题带动、理论升华、实践验证"的方法，扎扎实实、一步一个脚印地深入推进悦教育的研究探索。

宏观立意。我认为，悦教育的文化内涵是研究和实施悦教育的关键所在。所以，从宏观上、从教育文化层面上，我们必须为之立意。不论走在世界的什么地方，我们总能发现一个我们可以称之为学校的地方。不管那里的孩子来自哪里，不管那里的建筑是普通还是雄伟，也不管那里的人的肤色和语言是多么的不同，它们统统可以用学校来称谓。因为它们有着共同的核心追求，那就是育人。学校，是师生共同的精神家园，而这"共同的精神家园"就是学校的教育文化。悦教育就是一种有温暖记忆的教育，一种有幸福感的教育，一种令人心生喜悦的教育。从"悦"立意，依"悦"探究，于是，"悦文化·悦教育·悦人生"这一核心理念便顺势而生。

微观立行。顶层设计为魂，实践探索是关键。以宏观立意为指导，我们的研究在逐步深入。课程课堂，是悦教育的核心组成。课程建设是对我们的教育智慧和教育坚守的一种脱胎换骨的考验。于是，我们咬紧牙关，集众志、合众力，奋然前行。因为，课程建设不搞不行，没有课程的全方位支撑，我们的悦教育就止于纸上谈兵。如果说课程建设是悦教育的核心组成的话，课堂教学则是悦教育的直观展示。我们从备课到上课，从课上到课下，从课堂教学流程到教学实施环节，从作业设计到作业批改，就这样一步一步地探索，一点一点地研究，在实施中反思，在反思中前行。

校内为主。悦教育的主阵地在学校，课程课堂固然重要，但是，悦教育的内涵和外延远不止此。随着研究范围的不断扩大，校园环境、班级文化、廊道文化、师生的精神风貌等也逐步和"悦"汇在了一起。如此一来，悦教育研究的校内路径已经框定。

校外补充。悦教育是一种宏大的教育观，它立足于学生的当下，放眼于学生的未来。围绕悦教育，我们研究的视角纳入了家庭、社区、社会和自然。集有用资源以光耀教育，汇万方之力以润吾孩童。悦教育是开放的、博大的，只有开放博大的教育，才有气吞河山的学生。

案例剖析。世上本无路，走的人多了，便就成了路。剖析麻雀，以点带面。在悦教育的研究过程中，我们把一个又一个案例作为标本。成功的案例，我们找出成功的原因并以此推广；失败的案例，我们分析失败的缘由并以此为戒。摸着石头过河，抓住案例剖析，慢慢地，一点一滴地，我们走向成功。

问题带动。在悦教育研究过程中，我们会遇到各种各样的问题。课程上的问题，课堂上的问题，学生方面的问题，教师方面的问题等。我们以问题为带动，摆问题，析原因，说方法，看成效。我们的研究，就是在发现一个又一个问题、解决一个又一个问题的过程中完成的。

理论升华。悦教育需要理论支撑，而支撑它的理论依据源于实践。实践，使我们对悦教育有了感性的认识，但这远远不够，要使悦教育真正"悦"起来，必须从理性上对它进行审视、抽取、提炼、归纳。围绕悦教育研究，8年时间里，我们一次又一次的分析、研讨、座谈、问卷、走访，促使老师们主动地走上了研究探索之路。

实践验证。从实践中来，到实践中去。为了改变，为了发展，我们提出悦教育，研究悦教育。在实践的过程中，悦教育改变了我们的教育现状，改变了学生们的学习状态和生活状态，改变了老师们的工作状态和精神状态。实践验证，悦教育的实施，让我们的学校走上了一条卓越发展之路。8年的时间，我们研究悦教育的路径是曲折的、艰辛的，我们研究悦教育的方法是多样的、灵活的。8年探索路，甘苦寸心知，但是，我们是欣慰的。因为，悦教育沐浴八载岁月，正开花结果，茁壮蓬勃。

第五节 以"悦"为主线的内容架构

反思总结来自一线实践的悦教育研究成果，汇集并解读悦教育研究的全部过程，梳理悦教育研究的思路与策略，提升悦教育基于变革性实践的发展经验，为进一步探讨学校教育创新发展理论模型与实践模型的构建、形成有较强的实践操作策略奠定坚实的基础，是《悦教育·悦成长》成书的主旨所在。

本书以悦文化的反思与建构为核心，聚焦教育和成长两个方面，以悦文化为主轴，以悦教育（学校教育、家庭教育、社会教育）为纬线，以悦人生（悦管理、悦德育、悦教师、悦课程、悦课堂、悦评价）为经线，构成了"悦文化·悦教育·悦人生"的"一轴·三纬·六经线"的立体式、全方位的悦教育架构。全书分九章三十节，内容架构为总分式。简述如下：

第二章为统领部分，亦可称之为顶层设计部分。文化引领，理念为魂，悦教育的灵魂是它的文化内涵。该章的三个小节，分别从策划方案、行动纲领、发展规划三个方面，立足现实，放眼发展，以求实、求精、求适、求新、求常为目的，为悦教育的实施做出了微观和宏观两个层面的表述。这一部分，为构建悦教育的全方位实施模式提供了理论框架。

第三章从课程切入。课程是教育实现培养目标的蓝图，是学校教育的"心脏"。悦教育的课程体现三个特征，即：坚实的基础性、鲜明的地域性、丰富的选择性。该章三个小节的表述，较为完整地构建了悦教育的课程体系。在这个课程体系中，国家课程校本化，地方课程整合化，校本课程特色化，课程之间和谐共处，互为补充，课程的个性特征颇为明显，有明晰的目标、完整的架构、生动的形态、丰富的内容、充足的资源和较强的选择性。

第四章从课堂入手。课堂是实施悦教育的主阵地，是学校教育的中心工作。如何在课堂教学中反映和体现悦教育教学理论和实践的变革，从根本上改变教学生态，提高课堂教学质量，是悦教育实施者关注的焦点。该章四个小节的内容，告诉我们这样一个事实：悦教育需要营造民主开放的课堂氛围，需要设置生命关怀的教学内容，需要实施自主发展的教学策略，需要促进学生思维发展的教学活动，需要采用促进学生个性发展的教学评价。

第五章讲的是德育。立德树人，是发展中国特色社会主义教育事业的核心所在，是培养德智体美劳全面发展的社会主义事业建设者和接班人的根本要求，揭示、点明并阐释了我国发展社会主义教育事业、培养社会主义事业建设者和接班人的根本目的。德育是悦教育的灵魂，它的价值在于塑造人、培养人、发展人。人才奠基于健全的人格，只有当拥有知识的人与其品德、意志、态度、情感、价值观等有机结合的时候，才可称之为"健全的人"，进而成为"人才"。该章五个小节，从校本节日体验、实践探究活动、红色基因培养、心理健康疏导、生涯教育实施、礼仪规范养成等不同角度，翔实而生动的阐述了悦教育的立德树人过程。

第六章着眼于教师队伍建设。这是一个需要名师、教育家的时代，也是一个能诞生名师、教育家的时代。于漪老师说：我一辈子做教师，我一辈子学做教师。多么简单、平实，内涵却丰富、深邃。一辈子做教师，是对教育事业的热爱、忠诚、执着、不离不弃，发自内心深处的喜欢；一辈子学做教师，道出了做教师永远是个学习的过程，不断学习、不断领悟、不断改进，是个终身学习者。悦教育的具体实施者和推进者是教师，教师的师德师能、文化素养、专业水准直接作用于悦教育的实施。该章用四个小节的篇幅，为悦教育实施过程中教师队伍建设提供了一个实用性强、操作性强、效果显著的实践案例，为新时代教师向专业化、研究型转变和发展提供了可资借鉴的范例。

课程评价和学生成长评价是时下学校教育的一个重点和难点。说是重点，是因为评价是教育的重要组成部分，是教育目标达成的客观反映。说是难点，是因为这项工作说起来可以滔滔不绝、引经据典，但真正做起来，往往力不从心，从而导致抓不实、拿不准、效果不佳。本书第七章用两个小节的文字，从悦教育具体实践和效果反馈两个层面进行了积极有效的研究，为课程评价和学生成长评价的深入探究提供参考。

营造书香校园，提升师生素养。悦教育倡导"在工作中读书，在读书中工作；在学习中读书，在读书中学习"，为师生的生命发展打造亮丽的精神底色。阅读是一种生活，阅读是一种品质，阅读是一种思索，阅读是一种境界。如何营造书香校园？怎样提升师生素养？提出一个问题容易，真正去解决一个问题却并非易事。本书第八章从怎样悦读、如何保证悦读两个方面，为悦教育实施过程中的"悦读越美"提供了一条可行之路。

家校共育是悦教育大链条中的重要一环。处于儿童时期的孩子，一切行为习惯都还未定型，他们此时最擅长的就是模仿外在世界，而他们对外在世界又缺乏基本的甄别能力，离他们最近、与他们接触时间最长的父母的行为表现就成为他们模仿的样本。父母是孩子最好的老师，是孩子走向社会的第一任启蒙老师，是养成教育的最佳示范。家校共育要求我们把事情做细，把工作做精，把环节抓准，把问题弄透，一句话，落在实处，成效必显。反思也好，总结也罢，得出的都是这样一个朴素的道理——不实不行。科学统筹，分步实施，有效推进，实打实来。本书第九章为我们展示了一种悦教育实施过程中家校共育的求真务实精神。

综上，《悦教育·悦成长》一书为优质高效的学校教育模式提供了一种全新的、原创性的理论架构，呈现了学校教育创新发展的实践范例、推进机制及有效经验，以期回应新时代背景下关于教育的现实诉求，为"怎样育人"提供一种新方案。

第二章

文化引领，理念为魂

欲栽大树柱长天

学校文化之于一所学校的意义，犹如灵魂之于生命、思想之于人类，是一所学校凝聚力和活力的源泉。富有魅力的学校文化是一面旗帜，引领师生意气风发，努力前行；是一种氛围，熏陶浸染，润物无声；是一种文化磁场，能凝聚人心，形成合力；是一种资源，是学生成长、教师发展的肥沃土壤。

第一节　悦文化策划方案

教育的尽头是文化。文化之于教育，犹如灵魂之于生命、思想之于人类。学校文化即教育文化，它是学校育人精神的价值取向。学校的教育环境，因育人精神而大放异彩；教师的教育行为，因育人精神而春风化雨。

一、办学理念

（一）文化主题

1. 定义

文化主题是学校用于教育教学行为与管理经营活动的中心，是学校地域文化、校本课程和文化理念系统的主旨。

2. 学校文化主题

悦文化。

（二）核心价值观

1. 定义

核心价值观是学校用于指导教育教学行为与管理活动的最高价值标准与原则，是师生为人处世的最高价值导向，是学校精神的内核。

2. 学校核心价值观

悦。

3. 阐释

《说文系传统论》这样说："悦，犹说也，拭也，解脱也。若人心有郁结能解释之也。"悦是一种心情，更是一种能力。以"悦"而言，我们的课堂是愉悦的，学习和工作是愉悦的，我们的生活更是愉悦的。《尔雅·释诂》这样阐释："悦，服也。心悦诚服是也。"从这个层面上讲，悦是一种态度。就个体而言，我们要悦纳自己；就群体而言，我们要悦纳他人、悦纳自然、悦纳社会、悦纳世界及世界文化。"悦"，体现的是一种博大的胸怀，积极的心态，和谐的生态环境。

（三）核心理念

1. 定义

核心理念是学校用于指导教育教学行为与管理经营活动的最高价值标准，是学校一切行为的起点和归宿，是学校文化理念系统的灵魂。

2. 学校核心理念

悦文化·悦教育·悦人生。

3. 阐释

教育的核心价值为"悦"。我们的教育从悦出发，通过绿色的途径，达到悦的彼岸，成就学生不断超越的人生，为一生快乐成长奠基，悦教育存在于师生的教育行为的始终。教师在悦教育中体现的是教育的价值，自己的人生价值。而学生经历的是愉悦的成长，愉快的童年，学会悦纳的品质。从"悦"出发，师生的成长是不断超越的过程。

（四）发展愿景

1. 定义

学校愿景描绘的是学校的未来发展蓝图，是全校师生的共同愿望。

2. 学校发展愿景

我们努力，让每一个孩子体验成长的快乐；我们努力，让每一位教师享受教育的幸福；我们努力，让每一位家长收获教育的希望。

（五）文化架构

1. 定义

文化架构是学校文化的立体呈现模型，体现了不同的文化元素或文化丛之间的关系。

2. 学校文化架构

构建"一轴·三纬·六经线"的立体发展架构。

3. 阐释

以悦文化为主轴，以悦教育（家庭教育、学校教育、社会教育）为纬线，以悦人生（悦管理、悦德育、悦教师、悦课程、悦课堂、悦评价）为经线。

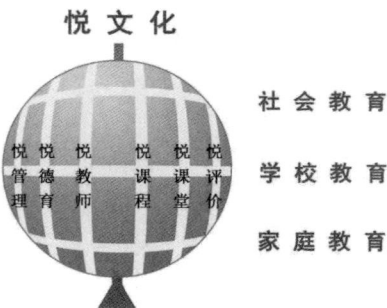

（六）学校精神

1. 定义

学校精神是学校在长期的办学实践中自觉提炼的、被学校全体成员认同的精神支柱，它对全校师生具有导向和激励作用。

2. 学校精神

悦·思·彩·翔。

3.阐释

关于"悦"，前文已述，此处不赘。

关于"思"，古人认为心脑合作产生思想。《论语·为政》中说："学而不思则罔，思而不学则殆。"可见"思"的作用非常重要。思之于学校发展，是指基于丰厚的人文精神素质，在悲天悯人的情绪基础上，能够在非常理智的情况下，一个觉醒的灵魂，因为敏锐的感受力，对万千世界乃至琐碎的事物，时常睁大眼睛，习惯性地、超越时空地寻究或理解。教师、学生的成长不仅是情感的愉悦，更有思维的成长。

关于"彩"，彩，各种颜色。李白《早发白帝城》有这样的诗句："朝辞白帝彩云间"即取此意。"彩"之于学校发展，应是多彩的、丰富的。课程的设置是多彩的、多元的，校园的生活是丰富的、多样的。

关于"翔"，《说文》中这样解释："翔，回飞也。"意即翅膀平直不动盘旋地飞，也可理解成飞翔。翔之于学校文化，意在师生的思维发展，心灵飞翔，有明确的自我梦想，并不断进行超越。还可以表现于内在的成长，外在的成功，从原点到远方。

学校每个人将以悦为核心，以思为途径，以彩为载体，以翔为目标，尽情感受成长的滋味，努力成为一个快乐的人。

（七）办学目标

1.定义

办学目标是学校发展前景的形象设计，是学校未来要达到的质量水平标准。

2.学校办学目标

创师生成长乐园，立悦文化品牌学校。

3.阐释

学校是师生温馨的家园，为师生搭建施展才华的舞台，最大限度实现其人生价值与理想；学校是师生生命成长的乐园，让学生体验成长的快乐，让教师享受进步的欢欣。通过践行悦文化，立学校发展之灵魂；实施悦教育，树学校教育之品牌；成就悦人生，谱写"悦·思·彩·翔"美丽篇章。

（八）办学策略

1. 定义

办学策略是从学校的现实形态中高度概括出来的，为提升学校的核心竞争力而着重实施的策略。

2. 学校办学策略

书香致远，双语育人。

3. 阐释

书香致远，国学为本；双语育人，西学为迁。腹有诗书气自盛，唯有读书能致远。学校积极营造幸福和谐的校园读书氛围，让师生通过阅读增加文化底蕴，通过诵经典学会做人。以国际理解教育课程为平台，通过双语标识、英语情景场营造国际理解教育氛围；以中西方节日文化为载体，通过丰富多彩的活动让学生了解多元文化，在探究与体验的基础上培养学生的中国情怀与国际视野。

（九）学校吉祥物

1. 定义

学校吉祥物是一所学校的象征，体现了学校的独特形象和校园文化内涵。

2. 学校吉祥物

悦豆儿。

3. 阐释

悦豆儿是一粒正在萌芽的豆子。她兴趣广、乐分享，是一个快乐的豆子；她乐探究、会思考，是一个聪慧的豆子；她好运动、善合作，是一个健康的豆子；她勇担当、扬正义，是一个善良的豆子；她勤实践、敢创新，是一个独特的豆子；她爱悦读、知礼仪，是一个贤静的豆子。

（十）学校主体色

1. 定义

学校主体色是一所学校精神内涵的外化，展示了学校师生的精神风貌。

2. 学校主体色

绿色。

3. 阐释

绿色是学校的主体色，象征着生机盎然、蓬勃向上；绿色是正在萌芽的豆子的自然色，寓意着学校每个人的自然成长。

（十一）育人目标

1. 定义

育人目标是学校所肩负的育人使命，体现了学校培养的学生所具备的核心素养。

2. 学校育人目标

培养具有中国情怀和国际视野的六格悦豆儿。

3. 阐释

六格悦豆儿是学校的毕业生形象。学校的孩子们要有快乐的性格、聪慧的品格、健康的体格、善良的人格、独特的创格、贤静的雅格，这是学生应该具备的核心素养。

（十二）校训

1. 定义

校训是学校在长期办学实践中形成的，对全校师生具有规范、警策和导向作用，它能概括学校的整体价值取向、独特气质、文化底蕴，蕴含师生的道德理想、人格特点和历史责任。

2. 校训

认识自我，温暖他人。

3. 阐释

学校的每一个人都是世界上并不完美的独特个体，要悦纳自己的优点，更要悦纳自己的不足；要快乐自己，更要温暖他人。

（十三）校风

1. 定义

校风是学校风气的总称，包括师生在工作、学习、生活中养成的风气，以及在学校发展历程中所积淀的优良文化氛围。

2. 校风

畅悦体验，快乐成长。

3. 阐释

畅悦体验。畅悦体验是一种积极的心理体验，是学生达成预期成果，得到认可的满足心理，它会进一步激发学生的学习兴趣，使其树立自信，并进一步追求成功。杨振宁教授在总结科学家成功之道时说："成功的最大秘诀是兴趣。"我国古代教育家孔子也说："知之者不如好之者，好之者不如乐之者。"乐学就是对学习有浓厚的兴趣，能感受到学习的快乐。

快乐成长。快乐的基本理解是心意稍顺。就是你心里怎么想的它就怎么发生了，正如你所希望的，快乐的前提是你要有想法和希望。

（十四）教风

1. 定义

教风就是教师在治学态度、教学育人、科学研究等方面形成的良好风气。

2. 教风

以爱育人，因材施教。

3. 阐释

以爱育人。学生是在各自不同的环境中长大的，不同的环境使孩子形成了不同的性格和气质，在学校就会表现出不同的行为和情绪。教师应对班里每一个学生的性格和家庭环境都有细致地了解，帮助学生发扬自身健康、向上的因素，改变那些不利的、消极的因素，让他们健康、愉快地成长。前苏联教育家苏霍姆林斯基说："教育技巧的全部奥秘就在于如何爱护儿童。"作为教师，必须要有一心扑在教育事业上的满腔热情。

因材施教。出自《论语·为政》，指针对学习的人的志趣、能力等具体情况进行不同的教育。因材施教是指教师从学生的实际出发，使教学的深度、广度、进度适合学生的知识水平和接受能力，同时考虑学生的个性特点和个性差异，使每个人的才能品行获得最佳的发展。因材施教不但是我国古代教学经验的结晶，还是现代教学必须坚持的一条重要原则，它具有非常丰富的现代价值。实行因材施教，对培养适应时代需要的创新型人才，具有非常重要的现实意义。

（十五）学风

1. 定义

学风是学生在学习过程中应该养成和遵循的风气，是取得良好学习效果和成人成才的保证。

2. 学风

悦学善思，知行合一。

3. 阐释

悦学善思。是希望学生在学习的过程中形成良好的学习态度和学习方法。孔子曰："知之者不如好之者，好之者不如乐之者""学而不思则罔，思而不学则殆"，这些都充分说明了乐学的重要性和学贵精思的必要性，"悦"同"乐"之意。学生在学校最重要的任务就是学习——学习知识、学习做人，学习是学生肩负的责任和义务，而"悦学善思"正是学生"责任"的最好体现，也是人生发展之必需。新课程标准提出：只有从兴趣出发，让乐趣充溢学习之中，才能真正激发我们的学习热情。因此，学生在读书学习的过程中，如果能够想方设法让自己爱上学习，善于思考，乐于求知，那么我们何愁成绩不能提高，前途不会光明？如果每个学生都能够做到"悦学善思"，整个学校就能够营造出"悦学善思"的良好氛围。

知行合一。"知"是一个人所知道的知识、所见过的事物、所听过的逸闻趣事等的认识与觉解；"行"是一个人的实际行动。孔子认为："生而知之者上也，学而知之者次也；困而学之又其次也。"孔子不仅重视所见所闻，而且注重思考探索，并主张知行结合、学以致用、言行一致；墨子主张言出必行；老子认为："足不出户而知天下"；荀子明确提出"不闻不若闻之，闻之不若见之，见之不若知之，知之不若行之。"这些是先秦诸子对知行的理解。随着时代的发展，"知行合一"成了人们生活和学习中的行为规范。

（十六）发展原则

1. 定义

发展原则是学校发展过程中的基本准则。

2. 学校发展原则

自主自理，精细高效。

3. 阐释

自主自理。自主是一种态度，自理是一种能力。学校每个人不仅要主动、自觉地推动学校发展，更应该自觉地对自己的思想、心理和行为进行调适和整理，对学校的行为进行观察和评价。通过自主自理，实现自我发展，促进学校发展。

精细高效。细微之处显风范，毫厘之间定乾坤。精细化是一种认真负责的态度，一种精益求精的文化。高效，强调的是发展的效果，是指用最为高效的发展质量和效率从事办学，争取现有条件下的资源充分利用，实现效益最大化，实现学校的健康发展。

（十七）人才理念

1. 定义

人才理念即学校的用人观念、用人思想。它包含"充分尊重人才，广泛发掘人才，精心培育人才，放手使用人才"等四方面的内容。

2. 学校人才理念

人尽其才，和合共生。

3. 阐释

人尽其才。郑观应在《〈盛世危言〉初刊自序》中言："兴学校，广书院，重技艺，别考课，使人尽其才。"可见，人尽其才是学校发展的至胜法宝。学校要让每个人都能找到最适合自己的位置，最大限度地发挥其才能和智慧。

和合共生。和就是"和谐、和睦"之意，合就是"融合、合作"之意。"和合"是相异相补、相辅相成的，就是要协调统一、和谐共进。共生是指学校相关各主体及其内部要素能够和谐共处、相互促进、共同成长。成长是共生的实质，合和是共生的手段，共生是最终的目的。我们要依靠学校生态中各个主体的特性和价值的互补而实现共同发展。学校的使命是努力搭建平台，在这个平台上，人尽其才，和合共生。

（十八）服务理念

1. 定义

服务理念即学校各层领导对教职员工、全体教职员工对学生及其家长所应遵循的理念。

2. 学校服务理念

以爱育爱，以心悦心。

3. 阐释

以爱育爱。以至诚至爱的行动去触动师生和家长的心灵，让学校每个人生活在充满爱的大家庭之中，人人"施爱——懂爱——去爱"，实现爱的传递。以全心全意的卓越服务带给师生和家长发自内心的愉悦。

以心悦心。用真心和诚心架起与师生家长之间的情感桥梁，营造和谐的校园氛围。在服务理念的追求上，学校不仅致力于满足师生和家长的合理需求，更以追求他们全方位的身心愉悦为最终的目标。

二、誓词宣言

（一）教师誓词

我是一名悦师——

我心怀感恩，真诚奉献，愿做学校发展的合伙人；

我为人师表，内外兼修，愿做学生成长的奠基人；

我爱岗敬业，享受教育，愿做教学改革的带头人；

我尊重家长，真诚沟通，愿做整合力量的联络人。

（二）学生誓词

我是一个悦豆儿，我庄严宣誓：

养良习，每天进步一点点；

悦体验，每天收获一点点；

美言行，每天成长一点点；

扬个性，每天创新一点点。

（三）学校宣言

1. 定义

学校宣言是学校就教育教学理想而对外发布的公告。它是学校理性形象的集中展现，是学校对社会的庄严承诺。

2. 学校宣言

这里是一个为孩子们播撒成功种子的地方，悦豆儿乐学善思，知行合一，感受成功之愉悦，体验成长之快乐；这里是一个人人都能创造精彩的地方，悦师以爱育人，因材施教，追寻教育之梦想，享受教育之幸福；这里是一个人人都能收获希望的地方，学校每个人凝心聚智、追求卓越，坚持走特色办学之路，创悦文化品牌学校。

第二节 悦文化行动纲领

"问渠那得清如许，为有源头活水来。"文化是教育的灵魂，悦教育需要悦文化的引领。《悦文化行动纲领》为悦教育的全面实施明方定向，悦教育在悦文化行动纲领指引下有序展开，一纲举，万目张。

一、发展战略

（一）发展愿景

学校的发展愿景：我们努力，让每一个孩子体验成长的快乐；我们努力，让每一位教师享受教育的幸福；我们努力，让每一位家长收获教育的希望。努力将学校塑造成为：师生共同的精神家园和成长乐园，一所让人难忘的温暖的学校，一所值得信任的品牌学校，一所受人尊敬的卓越学校。

（二）办学目标

学校的办学目标：创师生成长乐园，立悦文化品牌学校。学校是师生温馨的家园，为师生搭建施展才华的舞台，最大限度实现其人生价值与理想；学校是师生生命成长的乐园，让学生体验成长的快乐，让教师享受进步的欢欣。通过践行悦文化，立学校发展之灵魂；实施悦教育，树学校教育之品牌；成就悦人生，谱写"悦·思·彩·翔"美丽篇章。

（三）成功因素

总结近年来的经验，学校成功的基因为：校长、队伍、理念与共同价值观。未来六年学校发展的关键因素为：校长、队伍、课程、认同感、执行力、生源、经费、品牌化、现代化、国际化。学校各个层级、各个岗位，对于关键因素指标的全面落实，是实现学校战略目标的重要保证。

（四）核心领域

课程是学校最为重要的产品，是学校一切工作最终的物化体现，是一所学校师生能力与水平的最有力证物，是学校的核心竞争力。学校要立足实际，着眼未来。一是通过对国家课程的校本化实施，让学生营养均衡；二是通过构建悦课程体系来关注每一个生命个体的成长，满足不同学生的多样化需求。为"人人发展、全面发展、个性发展、持续发展"提供优质的成长平台。

课堂改变，学校才会改变；课堂高效，教育才会高效；课堂优质，学生才会卓越；课堂创新，学生才会创造；课堂进步，教师才会成长。学校的课程设置和课堂操作是实现办学目标的主要途径。因此，打造悦课程体系、构建悦课堂形态是今后六年学校发展的核心领域。

（五）价值取向

学校秉承"悦文化·悦教育·悦人生"这一核心办学理念，牢记"选择了学校，就选择了一生的责任；我是学校的一员，就要担当起这份责任"这一使命，构建"一轴·三纬·六经线"的立体发展架构。

二、培养目标

（一）教师目标

教师是学校工作中最宝贵的财富，是一所学校实力的真正体现。学校要努力建设一支师德高、业务精、能力强、发展快的专业化教师队伍。要努力让想干事、能干事、干成事的教师有施展才华的舞台。教师目标具体描述为五个一：

每一位教师在"职业责任"的驱动中，应努力使自己成为"一个不断获得知识与社会经验的人，一个能完成相当多令人振奋任务的人，一个富有真正创造精神的人，一个随时准备从经验和教训中学习的人，一个从人品到职业都受到尊敬的人。"

（二）学生目标

结合《悦文化策划方案》及上文提到的，"选择了学校就选择了一生的责任；我是学校的一员，就要担当起这份责任""悦文化·悦教育·悦人生"的办学理念，努力培养具有中国情怀和国际视野的六格悦豆儿。六格悦豆儿是学校的毕业生形象。学生目标具体描述为六格：

学校的学生要有快乐的性格、聪慧的品格、健康的体格、善良的人格、独特的创格、贤静的雅格，这是学校每个人应该具备的核心素养。

三、组织结构

（一）师生导向

学校组织结构的构建必须以师生为导向，有利于简化程序，快速响应师生、教育教学的需求；有利于创造以师生为本、以教育教学为中心、以生命质量为目标的学校文化。

（二）扁平管理

学校发展要以师生为本，尽可能压缩学校组织结构层级，减少无效劳动，让师生的需求以最快的速度得以反馈。明确组织机构的权责分配，通过调整组织机构，使各层级的权责跨度处于一个合理的范围。

（三）网格结构

通过行政管理与学术管理相结合、部门管理与级部管理相结合的形式，编织纵横交织的管理网络，构建网格化管理结构，形成互为补充、紧密配合、务实高效的管理机制，实现精细化管理目标。其中，行政管理夯实基础，学术管理打造特色，部门管理突出创新，级部管理强化细节。

四、教师追求

（一）定位准确

身为教师必须明确，教师虽然不是待遇最高的职业，但永远是最高尚的职业。因此要敬畏教育、热爱学生、忠诚学校。身为小学教师必须明确，自己是在学生未来对社会的贡献里发现自己的人生价值；在学生今日爱戴与未来的回忆中，实现富有乐趣的教育人生。因此学校教师须铭记"选择了学校就选择了一生的责任；我是学校的一员，就要担当起这份责任"，努力践行《教师誓词》：我是一名悦师，我心怀感恩，真诚奉献，愿做学校发展的合伙人；我为人师表，内外兼修，愿做学生成长的奠基人；我爱岗敬业，享受教育，愿做教学改革的带头人；我尊重家长，真诚沟通，愿做整合力量的联络人。

（二）师德高尚

教师首先是教育者。把课上好，是教师最崇高的师德；为人师表，是学校教师最应该具有的品行。因此学校教师要严谨笃学，淡泊名利，自尊自律，以人格和学识魅力教育感染学生，做学生健康成长的指导者和引路人。

（三）教风严谨

教风决定学风。教师对待职业的态度，影响着对待学生的态度。教师必须通过扎实严谨的教风，影响和带动学生良好的学风。把"认真、高效上好每一节课"作为教育底线。教师必须知道所在团队课程开发和课堂教学改革的方向，努力形成自己的教学风格，打造独具特色的精品课程。

（四）学养深厚

教师要成为学科代言人，让学生因为热爱自己，而热爱自己任教的学科。教师在学生心目中的地位，往往取决于教师学养的深厚。学生在你心目中的地位有多高，那么你在学校中的价值就有多大。教师可以有自己的个性，甚至缺点，但绝不可以触碰的是轻慢学生、忽视教学；我们可以原谅许多，但永远不能原谅的是对教学和学生轻慢的态度。

（五）终身学习

教师要努力成为通才与专才的结合体。校长好好学习，学校天天向上；教师好好学习，学生天天向上；今天的工作必须今天完成，今天完成的事情必须比昨天更有质量，明天的目标必须比今天更远大。通过终身学习不断超越自己，努力实现"一年一小样，三年大变样"。学校每个人都要懂得学习是保养，不是治病。人不是不合格才学习，而是要通过学习获得成长。面对工作压力，要懂得忙是营养，不忙就是营养不良，要忙碌而不是忙乱。要有"本领恐慌"的压力，懂得我们的"本来"在时代发展中不断打折扣，必须通过持续学习来实现自我保值与升值。

（六）有教无类

生命不能重来，童年只有一次。教师要平等对待每一位学生，努力面向每一个学生的每一个方面。在教师心中学生只有差异，没有差距，尊重个体，呵护个性。当教育教学效果不能令人满意时，先检视自己，不埋怨学生。学生对公平的期待远远超过我们的想象，每一个学生都是一个世界，因此要十分小心地呵护每一个学生的世界，即使是不完整的。

（七）悦思悦进

善于分析自己劳动的教师，才能成为一名优秀的有经验的教师。每位教师都要带着思想工作，带着激情工作，带着智慧工作；每位教师都要积极进取，善于反思，勇于挑战，不断地超越自我！

（八）共建共享

只知有己，乃人之最大贫困。教师要以有效教研组为单位实现三个共享：智慧共享、资源共享、经验共享，形成优秀的"学习共同体"和"教学共同体"。教师之间不仅要有着同事间的严谨认真的工作作风，更要有兄弟姐妹般的温馨和谐。

（九）感恩赞美

每个人都有得到别人赞美、渴望得到尊重的精神需求。学校每个人要把赞美、微笑和感谢当作职业才能，心怀感恩，常知愧疚，把赞美用在当用之时，把爱和感恩主动表达出来。

（十）传递喜悦

喜悦的的传递会让快乐增值，校园里快乐氛围浓了，团队也就和谐了。情出于心，快乐需要内心的感觉做根本，让自己快乐需要一种心态，让别人快乐需要心与心的交融，需要"以心悦心"的行动。改变我们能改变的，接受我们不能改变的，快乐充实地过好每一天、对待每一件事；真诚地把我们内心的感受传递出去，让喜悦不断地在学校中蔓延、升值。

（十一）换位思考

换位思考是融洽人与人之间关系的最佳润滑剂。与同事换位、与家长换位、与学生换位，学校每个人都要设身处地为他人着想，想人所想，理解至上。

（十二）班主任职责

班主任是学生、家长眼中的学校。学校要重视班主任的选拔、配备与培养，确立以学生为中心、以学生为主体的班主任教育管理观。建立以班主任岗位优先的原则，调配学校每个人的资源。班主任则应努力让自己的价值体现在每一天的教育教学工作中。

1. 赋予热情

热爱班主任工作，能赋予工作最大的主动与能动。能寓教育于感动之中，能将真、善、美播种在学生的心田。

2. 爱在细节

爱因细腻而伟大。班主任要从心灵深处关心学生，不仅要雪中送炭，还要带给学生心灵的抚慰和温暖。要坚持把有益于学生发展的小事做好。

3. 有效沟通

以真诚的心与家长沟通。视家长为教育的同行人。和家长做定期与不定期的交流，挖掘家长潜在的教育力量，让家长的力量成为班级建设的"千军万马"。另外，主动与所有任课教师进行良好的沟通，为班级建设与管理收集多种多样的信息。

4. 信守诺言

班主任要信守对班级学生的诺言，说到做到。事情再小，如果做不到，也不能承诺；承诺了，就一定做到。要在学生心中树立诚信的高尚人格形象。己所不欲，勿施于人。

5. 科学管理

班级就是小学校，班级的一切生活都应当是规范的、有组织的生活。班主任要学会用自我教育、团队合作的理念经营班级，做到井然有序，生动活泼。

6. 勇于创新

创造性地开展班队工作及班级管理。

五、学生追求

（一）勇于担当

作为学校的一员，在考验与困难面前讲求正气、敢于承担，自觉为他人排忧解难，服务集体与他人。既胸怀天下，又脚踏实地，具有强烈的自我发展动力。必须铭记并努力践行《学生誓词》：我是一个悦豆儿，我庄严宣誓：养良习，每天进步一点点；悦体验，每天收获一点点；美言行，每天成长一点点；扬个性，每天创新一点点。

（二）自强自立

加强自理能力，培养自主意识。热爱劳动，讲究卫生。自己的事情自己做，他人需要也帮着做，把应该做的变成喜欢做的。独立思考，敢想敢干，并做到谦逊而有韧性，质朴而无畏。不怕失败，勇于面对挫折，严于律己，归功他人。

（三）诚实守信

忠诚于祖国、学校和家庭。与人交往要真心，待人接物要真诚。做每一件事时不投机取巧，而是踏踏实实；说话和做事不撒谎夸张，而是言行一致、表里如一；在学习和生活中，承诺的事要信守，说到做到。

（四）协商互让

在悦文化熏陶与校园生活中懂得，个体的自己是集体的一部分，在集体需要的时刻，具有服从意识。在与同伴相处交往的过程中，能主动建立友好信任及依赖关系，遇到不能满足自己或不顺心的事要学会忍耐和谦让。努力养成"平静而执着、谦逊而无畏"的品格。

（五）尊重感恩

尊重父母家人、老师长者，友善同学，学会用文明谦恭的态度与人交往。懂得别人的帮助让我们获取幸福，帮助他人让我们传递幸福；懂得随时回报他人，并以感恩的心回报他人与社会；懂得珍惜做事的机会，不苛求于环境是最聪明和幸运的人。

（六）言行得体

言行举止文明规范，走路右行，抬头挺胸，落落大方，面带微笑，主动问好，善于倾听，具有良好的沟通能力和健全的对话人格。虽然我不同意你的观点，但我誓死捍卫你说话的权利。坚持平等对话，学会换位思考，设立"道歉日"，培养协商与妥协的能力。在班级、学校、社会等公共场所，明确简单的社会规则，并约束自己的行为，成为合格的社会公民。

（七）勤奋好学

让读书成为习惯。具备良好的学习态度，注意积累学习方法。努力做到爱学习、会学习、有能力学习。今日事，今日毕。不放任自己，懂得短暂的偷懒会制造痛苦未来的道理。懂得任何时候，兴趣永远是最好的老师。对待学习，拥有求知的渴望；对待新生事物充满好奇，具有不断探究的热情与动力，最终成为可持续发展力。

（八）全面发展

学生在小学阶段全面发展，才能更好成长。在追求学业好成绩的同时，每一个学生都要掌握一项娴熟的体育技能和艺术技能，并形成习惯。

（九）张扬个性

尊重差异，张扬个性。让学生的个性在宽松、自然、愉悦的文化氛围中得到释放，在自由自在而又奋发进取的氛围中展示生命的活力，让教育呈现奇异的光彩。

六、师生关系

（一）彼此真诚

教师对待学生要发自内心喜爱，才会赢得学生的喜爱。良好师生关系的建立需要真诚相处的时间，因此学校要想尽办法增加师生相处时间，教师要竭尽全力和学生朝夕相处。只有这样，才能更好地实现有效的育人目标。

（二）彼此热爱

要学会把爱表达出来。师生彼此热爱，既是要求，也是境界。我们强调学生对老师的爱戴，但更要求教师无限热爱学生。教育是一种能力，教师的严格要求，应该是科学的、富有教育艺术的。通过艺术而恰当的方式，让每个学生感受到老师是严格的，也是爱自己的。

（三）彼此信任

懂得彼此信任是教育教学质量提升的基础，没有信任就没有教育。当然信任的前提是老师要真实、诚实地面对师生关系。亲其师，才会信其道；亲其生，也会信其能。

（四）彼此尊重

良好的师生关系应该是相互尊重的，是以相互理解、欣赏为纽带的。我们强调尊师重教，也要强调尊生重学。在处理师生关系时，要做到公正平等、严而有格、爱而不纵、亲近而不亲密。

（五）彼此赢得

教师是师生关系的主导方，教师要主动承担起应有的责任，要懂得真正健康的师生关系，必须靠教师的人格与学识来赢得。赢得学生的真诚、热爱、信任、尊重，就赢得了教师的尊严。

（六）彼此悦纳

彼此悦纳的前提是双方互相欣赏。教师的赏识可以激发学生的自信心，教师的赏识能促进师生的心灵沟通，融恰师生的情感关系。教师只有用欣赏的眼光看学生，师生、生生间才会互相悦纳，悦纳自己、悦纳他人、悦纳自然、悦纳社会。

（七）拥有童心

拥有童心是升华师生关系的关键。教师要拥有一颗童心，以儿童的角度看待问题，关心儿童，从生活到思想和儿童打成一片，才能成为学生真正的朋友。

七、课程建设

（一）明确方向

学校课程规划的核心内容应该是在学校愿景的统领下形成的。我们学校的愿景是让每一个孩子体验成长的快乐，让每一位教师享受教育的幸福，让每一位家长收获教育的希望。这样，课程建设的思路就豁然开朗了。课程建设的定位原则是：大家来开发让学生快乐体验、教师享受幸福、家长收获希望的课程。我们称之为"悦课程"体系。每个人，包括教师、学生、家长，既是课程的实施者，更是课程的开发者、享受者。

（二）因需而设

没有课程规划就没有课程管理。学校课程的开发过程是以"幸福"为核心，确立了课程规划的"两个基于，四种开发，形成了六位一体的校本课程体系"。两个基于是：基于校本实际、基于多方对话。四种开发是：教师主导开发、家校合作开发、校社合作开发、学生自主开发。共性相融，个性互补，自然有利于课程的适应性和丰富性。

（三）符合规律

课程目标应该与学校培养目标一致，课程建设应立足师生成长的需要，符合学生认知规律，尤其要关注不同类型师生的成长。谨防一味趋同、趋利，一定要想方设法达成学校、教师、学生的共赢。要努力建设符合国家规定，家长满意、社会认可、学生喜爱、未来需要的学校课程体系。

（四）坚持原则

坚持有效实施国家课程与积极开发校本课程相结合的原则，努力实现课程的规范化、校本化，体现学校特色与办学理念。各学科要明确本学科建设与课程开发的方向，制定本学科校本课程建设的计划和具体实施方案。

（五）强化意识

强化课程意识，提高全校师生课程建设与课程开发的主动性，用物化的成果，记录课程建设和研究达成的水平，建立学校自己的课程资源包，避免人员更换带来的资源流失，保证课程研究成果的可持续性利用。重视对国家规定课程与已有校本课程的科学化、规范化、系列化建设，并将研究成果结集出版。

（六）构建体系

学校将"一切活动皆课程"作为校本课程建设的理念，有计划地进行系列化的设计，形成了"悦品修身课程、悦智思维课程、悦健强体课程、悦艺雅趣课程、悦创探索课程、悦言思辨课程"等六位一体的校本课程体系，来关注每一个生命个体的成长，满足不同学生的多样化需求。为"人人发展、全面发展、个性发展、持续发展"提供优质的成长平台。

（七）收获幸福

学校课程开发，不是学校的自娱自乐，不是政策的僵硬实施，它最终落脚于促进学生、教师的双向发展，推动学校的高品位发展。学生以读书丰厚底蕴、以实践推敲真理、以参与培养德行、以智力发展个性、以体验收获幸福；教师以精研提升业务、以视野开阔情怀、以开发彰显潜能、以学习丰富内涵、以发展收获幸福。当一所学校拥有幸福的孩子和老师的时候，他的幸福是不言而喻的。

八、教育教学

（一）树立理想

重视学生的理想教育和生涯规划教育，引领学生追求高尚的人生，通过各种方式了解社会，认识自我，要养成坚韧的品格和阳光的心态，懂得"失败是成功之母，成功是成功之父"的道理，从小树立远大的理想和抱负，成为有责任感和使命感的人。

（二）情感丰富

体验是最好的教育。没有体验的学习，就没有发生学习，情感培养也是如此。无论课堂还是活动，要重视学生情感培养，要让学生有感动人或被感动的经历，懂得人生是多味的，要做一个情感丰富的人。重视学生积极的人生态度、团队精神、良好同伴关系的建立，教育学生要热爱祖国，弘扬民族文化，捍卫民族尊严。

（三）珍爱生命

根据儿童自身成长规律，要按照儿童不同成长阶段，开展生命教育、安全教育、自我实现教育等主题活动。通过学科渗透、主题活动、心理疏导等方式，给予学生体验挫折、享受成功，认识真善美、感受生命的珍贵。

（四）培养习惯

指导学生做到什么时间干什么事，在什么地方干什么事，干什么事就要干好什么事。重视学生日常行为、学习与生活细节规范的培养。关注起始年级、起始学科学生习惯养成的战略作用，梳理不同年级应该强化的适合其发展阶段的习惯特质，出台《德育质量目标手册》，并逐一落实。

（五）班风良好

重视班集体学习氛围的营造与建设，立足班风带校风，促进良好校风的形成。班风建设中，班级风貌和具体规范是目标，活动是骨架，舆论是灵魂，训练是动脉。另外，班级的每一个学生和每一位任课教师，都应当成为班风建设的参与者。校内外建立手拉手或对口帮扶对象，营造良好的伙伴关系。

（六）激发兴趣

课堂小天地，天地大课堂。生活处处皆教育，处处以激发学生兴趣为教育目的之一。在教育教学中实施不被拒绝的教育，并在其过程中培养学生的成就感。重视学校课内外的主题教育活动，努力使其成为学生的重大节日。充分体现学科教学活动的教育性，努力让教室成为学生最喜欢的地方之一，让课堂教学成为学生最喜欢的活动之一。

（七）年段清晰

将狠抓落实进行到底。围绕知识、习惯、方法、能力在不同年段进行落实和强化，提高质量。强调低年段"基础牢"，注重知识与习惯的培养；中年段"腰杆硬"，在知识、习惯的基础上，注重习得方法；高年段"起点高"，在知识、习惯、方法的基础上，逐渐形成能力。进而实现学了要会，会了要对，对了要精彩。

（八）因材施教

尊重教学规律。从儿童需要出发，根据儿童的年龄特点，以及小学低、中、高的学段特点，通过学科教学改革，选择贴近学科学习规律和学生认知规律的学习方式。通过课程开发、教材整合、教学方式与学习方式更新，使教育教学不断贴近学生学习规律、认知规律。通过对不同学科不同属性的特点研究，让学生在不同学科中取得不同收获。

（九）悦思悦言

通过"阅学·悦学·越学"三步曲，全力构建悦课堂。在课堂上要放手让学生自主、合作、探究学习，让每一个学生都处于思考状态，让每一个学生都有展示的机会。达到"自主而不自流，放手而不放任，互动而不浮动"的效果。鼓励学生敢于发表自己的看法，不管观点是不是完美。而教师只是帮学者，起到"穿针引线"的作用。

（十）多元评价

多几把评价的尺子，就多出一批好学生；形成全面、系统、多元的悦评价体系。

九、教育科研

（一）提升价值

懂得教育科研的价值是：更加有智慧地工作，而不是更加辛苦地工作。教师要懂得教育科研是提高自身学术素养的最快捷、最有效的途径。学校要通过教育科研建设学术团队，清楚教育科研有助于促进教师的专业发展，提升教师的教学状况、优化教师的教育行为、改善教师的职业处境，甚至个人命运，进而通过改变教师个人，影响学校的发展方向。

（二）明确目的

科研的目的不是谋生发财，而是为了寻找教育教学的真谛。教育科研绝不仅仅是教师业绩表上获奖证书的罗列，而应当明确：选题从工作中来，用研究的过程带动工作的过程，研究的成果应有利于指导学校具体的工作。改变可以改变的，选择必须改变的；致力于行动研究，摒弃好大喜功，避免空泛与纸上谈兵；注意发现问题背后的问题，寻找潜在的内因，让教师能够抓住自己在工作中闪耀出智慧的火花，使之变成能够启迪人、能够即学即用的生产力。

（三）立足教研

平庸的教研、科研造成教师的平庸，卓越的教研、科研成就教师的卓越。教育科研要立足教研，同时关注当今世界、现代中国教育改革潮流和发展趋势，努力将基础教育领域中方向性的课题与学校教育教学实际相结合，以提高教育教学质量。

（四）项目研究

鼓励把学校生活和教育教学一线中遇到的问题作为项目来研究。即校园里的矛盾点就是科研点，问题就是研究的课题。要从自己的"痛"开始，从困惑和抱怨里，从学生最不满意之处寻找项目研究的课题。深入进行项目研究。构建基于学校、基于自我、基于课堂、基于学生、基于问题的科研项目导向机制。

（五）多样途径

聘请一线教育、教学专家，构建教科研指导组织；聘请大学教授、科研专家指导帮助学校和教师进行科研。通过科研学术年会、网络互动，借鉴兄弟学校经验等平台，丰富科研内涵。

（六）搭建平台

用"走出去，请进来"的办法，培训和成就教师。成立教师发展中心，创造各种条件为年轻教师和有教研或科研能力的教师提供展示和竞赛参评的机会，帮助教师形成自己的教学经验和科研成果，著书立说。

十、决策程序

（一）出选择题

推动不同层次、不同的团队，做到独立思考与思想解放，进而提高学校科学决策能力。各部门在向上一级部门请示工作前，应该首先明确自己的意见，提出解决的办法，给出选择题而不是必答题，一般不少于两种方案。

（二）信息充分

学校要坚持"哪个层级获得的信息最充分，就在哪个层级做出决策，或者就由哪个层级的人员参与决策"的原则。

（三）程序合理

明确决策程序，尊重决策规律，加强决策监控与决策评估；坚持重大决策前的听证制度与决策后的纠错制度，定期对学校重大决策进行民主评议。

（四）连带责任

遵循民主决策、权威管理的原则，执行层面的集中与决策层面的民主同样重要。决策者、主要负责人要承担相关责任以及连带责任。

十一、学校管理

（一）依法治校

增强法律意识，秉持依法治校，坚持校务公开。扎实做好普法工作，组织领导、师生对《义务教育法》《教师法》及其他法律法规及安全知识进行学习，做到学法、知法、懂法、用法。

（二）党风引领

注重"无形资产"的培养与积累。充分发挥党支部在各个方面的先锋模范作用，以此提升学校精神面貌。明确一切思想行为都是为了更好地教书育人，努力带头营造和谐、共生的书香校园氛围，形成校风正、教法活、学风纯的办学局面。

（三）公平民主

世间没有绝对的公平，但管理者的行为应该是公平的；决策、管理、评价等重大事项的程序必须公平、民主；坚持"五湖四海"，绝不允许拉帮结伙；创造"看得见的平等"与"看得见的民主"的校园环境与校园文化，定期开展批评与自我批评，从而把管理者的"正、勤、坦、廉"落在实处。

（四）要事第一

领导不是"千手观音"，但要学会"集中力量""寻找焦点"，把 20％的重要的人引领到重要的事情上，再激发每一个成员的能量最大限度地迸发出来。同时，要将个人发展目标与学校发展目标一起进行管理。因此，学校要以战略目标和关键成功因素为依据，区分核心工作与一般工作，不仅是正确地做事，重要的是做正确的事，即把正确的事做正确。

（五）塑造才华

管理就是鼓动别人，引领别人，成就别人。管理者要提升价值领导力，把握组织的使命，动员人们围绕学校愿景而奋斗。即：用理想与信念鼓励教师，尽量避免用金钱刺激教师，充分发挥各方面的积极性与创造性，汇聚多方力量实现团队的共同目标。管理者要把读书学习当做学校最重要的价值观，把学习水平作为评价教师的标准。管理者应肩负着传递赞美的任务，懂得传递赞美是学校最重要的管理活动之一。

（六）改造流程

学校要追求教育家办学。校长要引领一所学校，不仅是管理一所学校。校长的重要职责，是带领教师从他们现在的地方，去他们没有去过的地方，即走向"明亮那一方"，而不是陷入"家长里短"中。校长一定要在办学理念及育人目标上做文章，深知学校最大的困难不是改变教师，而是改变干部。因此引领中层干部提高执行力，承上启下，各司其职，借力发力，努力把学校的政策和上级的精神变成学生的笑脸和教职员工的掌声。

（七）立足细节

学校管理要关注细节，更要懂得关键细节决定成败。在管理上第一步要细心，体现一种敏感，把工作细化；第二步要细致，达到应有程度，体现实化；第三步要细腻，带着感情把每一个细节做到位，体现深化。继而实现精致化管理，从整体上实现学校在关键细节上比同类学校好1%。

（八）规范务实

要认认真真做人，踏踏实实做事。坚持管理规范、操作规范、讲求实际的工作作风。

（九）主动高效

凡事要选准目标，积极主动，不等不靠，最大限度的追求最满意的结果，一切以效率为基础，坚持"雷厉风行""今日事今日毕"的工作方式。

（十）自主自理

坚持"五严、五问"自主自理的管理方略。五严：严密规划、严格要求、严正立场、严谨作风、严肃态度。五问：

领导五问：今天我微笑了吗？今天我读书了吗？今天我和老师谈心了吗？今天我为学校分忧了吗？今天我做最好的自己了吗？

老师五问：今天我微笑了吗？今天我读书了吗？今天我和孩子谈心了吗？今天我和家长联系了吗？今天我做最好的自己了吗？

学生五问：今天我微笑了吗？今天我读书了吗？今天我和家长说谢谢了吗？今天我提问题了吗？今天我做最好的自己了吗？

（十一）上下贯通

学校要努力做"不漏气的发动机"。党支部、各行政部门和其他群团组织，涉及教师和学生的任何活动，要与学校协调统和，避免增加教师与学生的负担。当有关部门开展某项活动时，要搭台、补台。各学科、班级、教研组的活动内容等，也必须与学校的主旋律相一致，确保学校形成文化的延续、深化与创新。

（十二）分工协作

"你是天下第一，也要由天下第二来帮你"。没有全局观念的人不能做中层管理者，因此中层切忌成为"一方诸侯"，自己管理的部门不是私有财产，其管理范围只是学校整体的一部分，并学会接受与承担、沟通与协作。职责清才不会推诿扯皮，要明确各部门工作职责，通过明确边界、理清流程、细化常规，及时通报反馈，不断沟通过程性信息，及时通报工作结果，以求得各方面的理解与支持。

（十三）居安思危

从学校层面讲，问题就是学校发展的机遇。管理风险而不是回避风险。学校要始终具有忧患意识，懂得不前进就相当于倒退。要时时创造学校发展机遇，不断提升学校发展水平。努力做最好的自己，做最好的我们。从管理者自身讲，也要有危机意识。如果你认为学校里这个岗位只有自己干得最好，除自己外没有任何人能行，是最幼稚无知、没有见识的表现。优于别人并不高贵，超越自己的过去才是真正的高贵。

（十四）安全防御

要把安全意识当成一种素养。成立学校安全领导小组，实行上、下学安全值岗制度，明确安全责任人和防御点的人员以及职责。定期排查安全隐患，进一步完善学校安全管理机制和应急机制。如果因人为管理不当造成事故发生，或事故发生后没有得到及时妥善处理，要追究连带责任。努力形成"安全第一，人人有责"的校园安全文化，为进一步创建平安、文明、和谐的校园而努力。

十二、管理修养

（一）学校第一

管理者与管理者之间、管理者与教师之间、教师与学生之间，要相互尊重、相互理解、共荣共生。碰撞之后的第一个念头，是学校第一、向团结靠拢。不利于学校发展的事不做，不利于学校团结的话不说，即：心往一块想，话往一块说，劲儿往一块使。所有人要创造和把握一切机会，增加学校的美誉度。

（二）敢于担当

只为成功找方法，不为失败找理由。管理者要变职能为职责。作为管理者要懂得，遇到大是大非的抉择，能够挺身而出；遇到特殊的困难与考验敢于承担。要深知回避责任是不称职的管理者，推卸责任是比失误更严重的错误。事情没有做好，这件事是我做的；事情做得比较好，是我们做的；事情做得非常好，是你们做的。

敢于和不良现象说"不"，坚决杜绝你好、我好、大家好的老好人现象。

（三）甘于奉献

奉献精神是教师崇高的操守。因此学校教师要甘于奉献，管理者更是如此。对待工作要全心悦纳、真诚投入、舍得精力、乐于付出。为了学校发展，能够献计献策，全力以赴；为了团队成功，乐于奉献自己的智慧和体力；为了他人的成长，甘于牺牲个人时间或利益。管理者永远不要问：我能得到什么？而要不断问：我能为每个教职工做什么。

（四）并肩同行

坐着思考，走着管理。不管什么领导都应该说"跟我来"，而不是"给我上！"对待教师坦率直言，但不固执己见；正确使用权利，但不霸权；身先士卒，敢于下水，注重实效，不居功自傲。和老师们朝夕相处时，要不断提醒自己：请你不要走在我前面，我不想跟随你；请你不要走在我后面，我不想领导你；请你走在我身边，我想与你并肩同行。

（五）承受压力

管理者不仅要学会管理别人，也要学会被管理。懂得自己是被学习的榜样，更是被监督的对象。管理者不仅做事，也要谋事，更要预见事。遇到"不同声音""反对意见"，或遇到意想不到的大事件时，要有勇气，敢于面对，镇定沉着，想出对策或决策，从而修炼自己从压力变为动力的过程。要懂得管理者修养是一种缓慢而受挫的过程，懂得使自己成熟的不是权利，而是压力后转化的能力。

（六）调控情绪

办法总比困难多。有事别怕事，没事别"整事"或"生事"。鼓励提建议，允许提意见，反对发牢骚。有了风险我们及时去化解，出了问题我们立刻去整改，没有风险积极去防范，没有资源尽力去开拓。当过于情绪化时，努力控制与矛盾的正面接触，延迟决策，快速地听，缓慢地说，即使恼火也要慢，尽量"忍过一个晚上"。

（七）问题意识

学会用上级领导的眼光看学校，从被领导中学习领导，从管理定位上进行反思。有为才有位，出众才能服众，有位必须有为，有位也要有畏。即：到位不越位，到位不错位。从执行力上要提醒自己，是否努力做到了尺度、速度、力度的到位；从过程管理中要善于发现问题、直面问题，并及时报告问题或解决问题，尽可能快地将存在的问题公开化，让相应的矛盾与问题暴露在相应的决策层面并迅速处理；从管理心态上要以积极的心态寻求解决的办法，以积极的心态和处事方式影响和带动周围的人，相信遇到一个难题或问题，就积累一次解决问题的经验与心得。

（八）倾听沟通

勤于表达，不仅努力做到语言无障碍，还要努力做到如何恰到好处；善于倾听，懂得这既是沟通最有力的武器，也是解决问题的有效方法。在管理工作中要善于发现教师闪光之处，及时发自内心地赞美，看到老师优于自己的地方，要虚心真诚学习，摒弃嫉贤妒能；看到老师不足之处，要义正词婉地及时指导、纠正；遇到有教师触犯底线的事情，要理直气壮地严厉批评，懂得这也是一种沟通与帮助。

（九）尊重个性

懂得管理是一种对人性把握的艺术，包容不同个性，原谅尚有缺点，尊重他人想法，得理也能让人。对待有些人的特殊生活习惯或思维方式，要学会换位思考。懂得有许多事情或个人需要我们理解，虽然不能迁就；有些不碍学校发展或声誉的人或事，虽然看不惯，但需要调节自己，虽然不为我们所接受。

（十）简单原则

懂得简单是做人和做事的最佳原则。简单不等于容易，把简单的招式练到极致就是"绝招"；简单的事重复做，你就是专家；重复的事用心做，你就是赢家。在管理中要懂得：简单的前提是流程明确，以减少管理中的多余环节，直接说或直接做最佳；对必须要做的事，要有马上行动、立即解决的作风；对需要解决的问题不拖不推、不等不靠。要有能力做到优点说透，问题不漏，方法给够。

（十一）多元思维

要懂得学校聘用教师的不仅仅是一双手，而是整个人，整个心。在大是大非面前要遵循原则；在学术观点或认识差异面前，要学会寻找中间地带，你对，有可能我也对，避免两极思维；在处理问题的方式上，不一定按一种思路完成，有时候按我们的想法办，事情会成功；按别人的思路办，也照样成功。

（十二）独当一面

以作风顽强著称的中国女排成功的关键因素是：每一个队员都能独当一面，队员间又能团结合作，面对困难时一如既往，没有任何借口。中层干部也要有这样一种精神：要独当一面，既干之，就干好。因为一个中层倘若遇事都要事无巨细地请示领导帮助，由领导给予指点，没有一点个人主张和独立的处事能力。那么，在领导和教师的眼里，就失去了应有的信任度。学校领导要成为所负责部门业务的引路人和责任人，如果因为自己不懂或不会而失责，只能说明你是一个不合格领导。

（十三）延伸领域

管理者不仅要有一手，还要是多面手；以点画圆，多做一点儿，杜绝画地为牢。懂得自己所管理的部门是学校整体中的一部分，要处处以学校全局为重。立足本岗位的需要后，也能主动延伸工作领域，帮助其他部门，串联起学校整体工作。当效果或成绩优于其他管理者或其他部门时，不居功自傲、不膨胀自己，而是与其分享。

（十四）慎独省身

管理者的修炼觉悟要达到：我不是给某某人做的，也不是给学校做的，我做管理者为了更严格地修炼自己。因此要固定学习时间，相互交流、提升，增强学校管理文化的积累。同时，管理者要把学习与反思当做时时温习的功课。要清醒自己首先不是管理别人，而是"治我"。即不断地自我反省，每周三省吾身，从自身的反思、外部的反面意见中吸取营养。

十三、资源筹措

（一）厉行节约

学校领导和教师务必养成节约的习惯。学校应该把钱更多地花在离学生最近的地方、教育教学最需要的地方。低碳生活，坚决杜绝浪费。学校建筑、设备、设施要朴素大气、高位品质、高性价比，以体现学校独特的悦文化，注重教师工作和学生学习环境与条件的实用性、简约性，反对豪华、铺张、攀比。

（二）就近使用

要合理消费但不能浪费。加强固定资产的管理与合理使用。改革和规范后勤财产制度，让最需要资源的人员，能够及时方便地获取资源，尽量让使用资源的人有权利合理管理资源。构建学校经费筹措机制，调整筹集与消费资金的精力支出比例，校长、财务人员、后勤人员、中层干部、教师等要用更多的精力研究资金筹措。

（三）内部开发

学校领导团队或教师要想尽各种办法"开源"，也要想办法"造血"，改变学校的"生理机能"，杜绝等、靠、要的惯性思维模式。不仅注重外部开发，也要从学校内部打造品牌资源，实现自力更生。如德育课程、学科课程、社团活动等，启动家长义工服务工作，努力挖掘、开发和利用家长资源，打造新课程，构建新机制。家校合作，共同为学生成长服务。从而努力为学校师生谋取更大的福利，让每一位师生都享受到内部资源带来的好处。

（四）统整合一

基于学校自身的基础，重视社会资源的开发与利用。拓宽各种渠道，"挖"资源、"找"资源，并移植转化到学校、教师、学生中去；把本土、社区等资源与学校资源有机结合，从而实现为学校发展服务的目的。

十四、社会责任

（一）引领带动

积极参与、接待各种公益培训活动，通过学校骨干教师的思想及业务引领，带动经开区乃至郑州市的教师专业发展，同时提升学校教师自身的视野和境界。通过实践积累，总结学校的办学经验，为经开区乃至郑州市基础教育提供借鉴与参考。

（二）服务社区

充分把握学校地理环境的特点，立足所属社区，与社区内的相关单位建立良好的协作关系，融于社区、服务社区是学校的社会责任。与所在社区、办事处、艺术中心等部门建立合作与服务关系。

（三）公益合作

通过"手拉手，帮扶支教"等活动，丰富和强化学校的社会责任。积极参与社会公益活动，努力在公益活动中实现学校的社会责任。

第三节 悦学校发展规划

发展规划是学校发展的纲领性文件，是学校办学目标的细化，是学校各项工作的航标，是凝聚全校师生员工力量的源泉，是学校办学特色和校长办学理念的体现。发展规划的制订必须立足于学校阶段性发展要求，切合学校工作的实际需要，确保学校的可持续发展。

一、学校概况及现状分析

（一）学校概况

学校现有 37 个教学班，1932 名天真烂漫的孩子和 109 位热情干练、业务精湛的教师。其中省级名师 2 人，省级学术技术带头人 2 人，省级骨干教师 5 人，市级骨干教师 10 人，区级骨干教师 13 人，骨干教师人数占学校教师总人数的 31%。教师平均年龄 35 岁，50 岁以上 3 人，年龄结构合理。学校领导班子成员精干团结、充满朝气，她们按照"廉洁奉公、身体力行、认真踏实、善听意见、敢于碰硬、多谋善断、团结协作"的要求，引领着学校不断向现代化、品牌化、国际化方向迈进。

学校建有多媒体教室、科学实验室、心理咨询室、书法教室、黏土教室、版画教室等 31 个专用教室，配备了 200 米环形跑道和 60 米直跑道的标准操场。

（二）现状分析

办学优势如下：

1.学校理念系统完善

学校把"悦"作为文化标签，以悦文化为灵魂信仰，以悦教育为教育哲学，以促进师生悦成长为核心，以探索悦课程架构为主线，以推进悦课堂建设为重点，以构建悦评价体系为抓手，以开展悦体验活动为载体，全力打造悦文化品牌学校。

2.学生文明素养日益提升

学校以中华传统文化教育促进学生道德认知提升，以制度建设促进学生文明素养提升，以社会实践活动强化文明行为。注重学校、家庭、社区的协同教育，通过学生社团活动、校本节日课程、仪式课程、实践课程、生命课程等，巩固文明教育成果。

3.教师专业化发展稳步推进

学校通过持续开展师德师风建设、教育教学研究，不断提升教师的专业能力，形成了一支高素质、专业化的教师队伍。每年一届的最美教师评选，在教师中弘扬正能量，引领教师争做"四有"好老师。充分发挥了学校优秀教师在校内和区内的引领示范作用，通过梯级教师的培养和评选，搭建展示舞台，鼓励青年教师勇于创新、勇于实践、勇于自我突破，学校优秀教师比例逐年递增。

4.校本课程体系基本完成

围绕学校的育人目标，以学生为中心，以教师为依靠，对学校课程进行了规划开发和组织实施，基本形成了悦品修身课程、悦智思维课程、悦健强体课程、悦创探索课程、悦艺雅趣课程、悦言思辩课程等六位一体的悦课程体系，为学生个性化成长搭建平台。

（三）发展困惑

在学校飞速发展的同时，我们也清醒地认识到阻碍学校发展的问题。

问题之一：怎样有效发挥骨干教师的的引领作用？

问题之二：怎样实现悦课堂的转型升级？

问题之三：怎样构建研修一体的悦研修教研模式？

问题之四：怎样加强家校联系，发挥家长学校的作用？

二、指导思想和办学理念

（一）指导思想

以"创师生成长乐园，立悦文化品牌学校"为总体目标，以"让每一个孩子体验成长的快乐，让每一位教师享受教育的幸福，让每一位家长收获教育的希望。"为发展愿景，以促进师生发展为核心，以推进课堂教学改革为重点，坚持向管理要质量，向细节要成效，竭力发展学校特色，全面提高教育教学质量和办学水平，争创省市乃至全国一流名校。

（二）办学理念

学校继悦文化主题确定后，进一步丰富悦文化内涵，在"悦文化·悦教育·悦人生"核心理念的引领下，构建了"一轴·三纬·六经线"的立体发展架构。通过践行悦文化，立学校发展之灵魂；实施悦教育，树学校教育之品牌；成就悦人生，谱写"悦·思·彩·翔"美丽篇章。

我们把"悦·思·彩·翔"树为学校精神。学校每个人将以悦为核心，以思为途径，以彩为载体，以翔为目标，尽情感受成长的滋味，努力成为一个快乐的人。

三、发展目标及工作思路

（一）发展目标

1. 总体目标

（1）办学目标

创师生成长乐园，立悦文化品牌学校。

（2）培养目标

培养具有中国情怀和国际视野的六格悦豆儿。

2.具体目标

（1）管理文化目标

①构建科学化、规范化、精细化、人文化、网格化的悦管理体系；②树立人本管理理念，打造今日事，今日毕的管理模式，提高自主管理能力；③完成校园文化的整体规划设计和学校扩建任务，形成优美、高雅、温馨、和谐的学校文化氛围；④积极开展"悦德育·悦童年"主题系列活动，系统总结和提炼学校优秀传统文化，编纂和出版学校校刊、学校管理、师生故事等系列资料；⑤完善办学理念，丰富校园活动，提升师生幸福指数；⑥完善学校各项规章制度，形成科学的管理文化；⑦建设省市一流、国内知名、具有国际视野的现代化学校。

（2）队伍建设目标

①积极鼓励教师提高学历水平，本科学历达100%，研究生学历提高至20%；②组建业务精、思路活、人心齐的班子队伍；③培养品牌教师和骨干教师，结合校内外多方有利资源，探索培养方法，使50%教师成为区级以上学科带头人、骨干教师、名师，培养一支能够支持学校特色发展和优势学科创设的骨干教师队伍，逐步形成学校的人才高地；④营造和谐的工作环境，提高教师幸福指数。

（3）课程建设目标

①以新课程理念为核心，认真执行国家课程政策和计划，围绕学校的育人目标，细化核心素养的培养指向，构建悦课程体系，促成学生身心健康发展；②调整、研发对应核心素养的校本课程，形成学校悦课程框架；③设计校本课程评价方式，保障校本课程的实施，促进学校课程的整体性发展。

（4）课堂改革目标

①构建悦课堂形态，积极开展基于课程标准下的悦课堂教学与评价的实践；②通过三年努力，打造2~3个品牌学科，使教学品质整体得到提高，教学质量在郑州市能够凸显；③推行校内常规教学检查和专项检查双轨运行制度。

（5）综合评价目标

①收集学生过程性评价的数据信息，建立学生综合素质评价数字平台，让评价更科学；②分学段、分学科拟定《学科评价细目表》，根据评价细目表编订《学科评价实施方案》。学生进行分项考核，综合评价，针对评价结果，撰写改进方案；③从两个领域即"教师的实践"与"学生的学习"两方面对教师评价，帮助教师找到适合自己发展的路径，充分发挥每位教师的潜能，使其找到最适合自己发展的位置。

（6）办学特色目标

以悦教育为核心，构建悦课程的理论体系和实践策略，丰富悦教育的内涵，凸显悦课程魅力。

（7）德育建设目标

①以"呵护童年"为核心，以"打造悦德育，开启悦童年"为目标，构建悦德育课程体系；②以立德树人为宗旨，建立、运行、完善好五星级班级和五星级学生德育评价体系；③以养成教育为重点，培养学生良好的思想品德、心理素质和行为习惯；④以学科德育为抓手，着力挖掘德育内涵，培养德、智、体、美、劳等全面发展人才。

（8）教育科研目标

①三年内争取确立 15 项市级课题，3 项省级课题，1 项国家级课题；②争取三年中发表 CN 级教育类文章 10 篇，区级以上获奖论文 100 篇，区级以上优质课、公开课、观摩课、交流课等 50 节左右。

（9）总务工作目标

①增强后勤人员的服务意识，提高服务质量，营造健康、温馨、文明的工作、学习、生活环境；②健全后勤管理规章制度，落实后勤管理措施；③提升校园软、硬环境的层次，保障学校日常工作，尤其是教学工作的高效健康运行；④积极改善办学条件，构建现代化的育人环境。经过努力，使学校教育教学设施及校园环境达到全区乃至郑州市一流水平。

（二）工作思路

1.把握一个核心

以"学生快乐成长，教师幸福工作，学校和谐发展"为核心。

2.突出两个重点

一是探索队伍提升的新途径，全力打造悦师团队；二是探索课程整合的新架构，全面优化教学资源。

3.夯实三项基础

一是夯实文化建设基础，为学校树魂；二是夯实队伍建设基础，为学校筑基；三是夯实课程建设基础，为学校立根。

4.深化四项改革

一是深化管理改革，构建悦管理网络；二是深化课程改革，构建悦课程体系；三是深化课堂改革，优化悦课堂形态；四是深化评价改革，构建悦评价体系。

5.解决五个问题

一是解决如何将悦文化内化于心、外化于行的问题；二是解决如何提高养成教育实效性的问题；三是解决如何提高教师职业幸福指数的问题；四是解决家长教育意识淡薄的问题；五是解决凸显英语特色的瓶颈问题。

6.达成六个目标

一是营造悦文化校园氛围，实现润物无声的更高境界；二是实施悦团队提升工程，实现教师专业的更优发展；三是构建悦课程体系，实现学生个性的更好张扬；四是优化悦课堂形态，实现课堂教学的更大绩效；五是构建悦评价体系，实现学生身心的更全发展；六是构建悦体验活动体系，实现德育工作的更实效果 。

四、主要工作及工作措施

（一）文化管理：营造悦文化校园氛围，实现润物无声的更高境界

1.加强悦环境建设

完成悦祖国、悦世界、悦自我文化长廊，营造体现悦文化特征的校园环境。校园文化建设具有系统性，不仅包括体现学校传统、师生精神、学校管理的人文文化，而且包括在校园硬件设施的视觉文化。校园环境的优化就是要体现视觉环境的优美和人文环境的和谐统一，营造高雅舒心的氛围。

要坚持突出绿化，做到乔木、灌木、草坪、花卉合理搭配，而且要注重运用雕塑、景观等造园的手段，表现具有深厚文化内涵的园林景观。通过不同植物的搭配组合，创造一个春花烂漫、夏荫浓郁、秋色斑斓、冬景苍翠的校园景观环境。

2. 内化悦文化精髓

组织教师学习《理念文化策划方案》《践行悦文化行动纲领》，使学校每个人将悦文化内化于心、固化于制、外化于行，向着管理的最高境界"无为而治"而不懈努力。营造以生生、师生、师师之间、人与校园环境和谐共存的人文文化；校园整洁优雅、积极向上的环境文化；追求卓越、价值趋同、团结进取的组织文化；以人为本、依法办学的制度文化；高效有序、和谐顺畅的管理文化；开放创新、灵活多样、体现特色的课程文化；海纳百川、纳长弃短、相互欣赏、严谨求实、"为生而教"的教师文化；生动活泼、诚信感恩、"优一等，高一格"、自信自主的学生文化。

3. 构建五级学校管理网络

学校努力构建校长室—部门科室—学科组—学段教研组—教师五级管理网络。实现自上而下层层管理，自下而上积极配合的循环式管理目标。

4. 通过实行每天五问制，实现自主管理

领导五问：今天我微笑了吗？今天我读书了吗？今天我和老师谈心了吗？今天我为学校分忧了吗？今天我做最好的自己了吗？老师五问：今天我微笑了吗？今天我读书了吗？今天我和孩子谈心了吗？今天我和家长联系了吗？今天我做最好的自己了吗？学生五问：今天我微笑了吗？今天我读书了吗？今天我向家长说谢谢了吗？今天我提问了吗？今天我做最好的自己了吗？

5. 坚持三会制度，优化干部队伍建设

建立干部"月、学期、年度"目标考评及满意度测评机制。发挥行政会、教代会、校务委员会在学校决策中的作用。积极释放教师中的正能量，积聚教师的智慧，破解学校发展中的难题，完善《绩效考核方案》，强化学校每个人的责任感和使命感。

6. 坚持"师德""师能""师智"齐头并重

师德建设坚持以"三要八不准"为底线，党、政、工齐心协力，开展"点赞教师"活动，善于发现并用好身边的人与事，用"我和我的学生微型故事会""读书报告会""辩论会""成长报告会""才艺技能展示秀""中层干部读书报告会"等多种机制与平台，塑造学校"悦纳"与"向上"的教师文化。开展岗位练兵、教学基本功训练、竞赛、评课、教学五认真评比等活动，促进广大中青年教师参加岗位练兵，帮助青年教师提高教学业务水平。借助名师工作室，用项目驱动教研团队的打造和骨干教师的培养，建立骨干教师阶梯式发展目标和目标考核机制，鼓励骨干教师申报省市级课题。召开教师专业发展推进会。积极开展教师读书活动，要求所有教师每年至少读 2 本书，每年举办一次读书报告会。继续开展"学校讲坛"，提升广大教职工的人文素养。实施教师"菜单式奖励"，倡导教师"做越来越优秀的自己"，激励教师争做学校的"唯一"，增强教师的成就感与幸福感。

7. 实施暖心工程

关心教职工生活，时刻把教职工的冷暖挂在心头，倾听教师意见，满足教师合理需求，增强管理中的人文关怀，开展丰富多彩的文体活动，为教师提供个性化服务。坚持"五必访"制度，对因大病、突发性事件造成困难的教师，要尽到"第一知情人，第一报告人，第一帮助人"的职责。

（二）队伍建设：实施悦团队提升工程，使教师专业实现更优发展

1. 让机制成为教师专业发展的催化剂

建立教师专业成长激励机制。建立"新老教师结徒制""骨干教师导师制""骨干教师挂职制"等一系列激励机制，为教师专业成长和学校特色发展之间找到最佳结合点。

实施教师发展多元评价机制。开展"默默奉献奖""家长心目中的好教师""特色建设突出贡献奖""教学绩效奖""学术研究奖"等系列评选，鼓励教师参与悦课堂研究，提升专业素养，逐步形成争先创优的良好氛围。

推行悦课堂诊断机制。由校长室及各职能部门参与，每月对一个年级的课堂进行全方位的诊断，提炼经验，提出问题及解决问题的建议，同时评选出30%的优秀教师。

建立学术研究奖励机制。鼓励教师积极参与个人课题等学术研究，大力倡导教师参与研究，撰写论文，对获奖教师实行多方位激励。

2. 加强领导班子队伍建设，形成一支能倾听善沟通的班子团队

发扬"团结一心，知难而进"的精神，牢固树立"一个团结奋进的学校领导班子就能带出一所好学校"的信念，加大班子成员学习先进理念、借鉴优秀做法、提炼实践经验的力度，尽快提高科学管理能力。要求班子成员正确定位管理者的角色，做到"六要、四有"："六要"是对人要"真"，说话要有"谱"，处世要"公"，做事要"实"，脑子要"活"，效果要"好"；"四有"是要有水平、有形象、有职责、有实绩，用良好的思想素质和精神风貌影响全校师生。管理做到人性、人文、人本，建立良好的合作关系，形成民主、信任、关爱的学校文化，营造心理相容、和谐对话的"软环境"。

3. 开展丰富多彩的"悦师德"主题活动，提高教师师德素养

通过开展"悦心·悦生活"为主题的师德系列活动，努力打造幸福教师团队。活动一：师德师风在我心自查活动；活动二："我幸福吗"教师征文；活动三："悦自然"教师拓展训练；活动四："悦心吧"教师沙龙活动；活动五：举行"我最喜欢的老师"评选活动；活动六：开展由学生、家长、教师和学校师德管理机构共同参与的师德师风大家评活动。

师德建设工作坚持一期一主题，一月一活动，每年进行一次"我最喜欢的老师"评选和"最美教师"评选。深入开展以"爱与责任"为价值取向的师德师风教育。通过专题报告会、专家引领、共同学习和反思等方式，提高教师职业素养。结合"师德群体创优"等主题活动开展家长满意度调查，家长满意率达到90％以上；加强

师德考核，实行"师德考核一票否决制"，树立先进典型，实行单项奖励。

4. 开展教师成长主题教育活动，打造悦师团队

正确认知教师角色，树立教师的职业理想。倡导教师为人处事讲正气、团结合作讲人气、对待工作有朝气、思维敏捷有才气、应对挑战有勇气、做人做事要大气、工作品位要洋气、教学实绩要牛气，争做知识渊博、幽默诙谐、心地善良、胸怀宽广、赞赏激励、智慧创新、平等相待的新型教师。

5. 制定《教师专业发展规划》

教师要结合自身情况，以及眼前的机遇和制约因素，制定个人专业发展目标，在实践研究中不断提高。内容包括：《教师个人阅读计划》《教师个人课题研究计划》《教师个人生涯规划》等。

6. 构建"悦科研"研究模式，以科研带动教研

学校将秉持"科研兴校，科研强师"的目标，充分发挥教育科研在学校发展和教师成长中的引领作用。一是继续扎实开展悦课堂教学案例研究；二是开展小课题研究，以教研组为单位，以悦课堂教学实践中的问题为课题进行研究；三是承担省市级课题研究。

7. 构建研修一体的"悦研修"校本教研模式，促进教师专业成长

一是实施教师整体素能提升工程。通过主题研讨、教师论坛、师徒结对、专家引领、同伴互助、自我反思等研修形式，促进每一位教师的幸福成长。二是实施新教师教学技能提升工程。通过"套餐型"培训和"自助餐型"培训，促进教师专业素养的螺旋式上升。通过开展"悦学·悦提升"为主题的系列活动，为教师搭建展示提升的平台。活动一：三字一画展示；活动二：美文诵读展示；活动三：教师成长档案展示；活动四：教师悦读手册展示；活动五：教师专业成长手册展示。

8. 加强校本培训，全面提高教师素养

通过专家讲座、教师论坛、每日一荐、十分分享、组织培训等形式促进教师专业化发展。

9. 加强梯级教师队伍建设，促进教师更快更好地发展

通过梯级教师认定，激励不同层次的教师从不同的起点上展翅高飞。开展名师讲坛系列活动，发挥名师的辐射和引领作用，带动青年教师快速成长。

10. 搭建校际交流平台，实现互助发展

充分利用省内外优质学校资源，搭建校际间互动交流平台。通过开展校际间的教研活动，增进区域间的交流，开拓教师的教学思路，让教师在更大范围内实现同伴互助式的共研共享。

（三）课程建设：构建悦课程体系，使学生个性实现更大张扬

1. 完善悦课程体系

根据育人目标，细化核心素养，梳理现有课程，形成学校课程整体架构。继续完善"悦品修身课程、悦智思维课程、悦健强体课程、悦创探索课程、悦艺雅趣课程、悦言思辩课程"六位一体的悦课程体系，来关注每一个生命个体的成长，满足不同学生的多样化需求。

2. 探索课程整合新架构

一是探索学科内整合的新架构；二是探索学科间整合的新架构。

3. 开发特色课程

在现有的校本课程开设的基础上，增加经典诵读微课程，包括：古诗文、国学经典、儿童诗、现代诗等；开发趣味数学课程，以教材中的知识点为基础，将数学延伸至生活，将"生活中的数学""游戏中的数学""数学思维""数学故事"等引入课堂；开发"情趣英语"课程，通过精选符合各年级学生年龄特点的英国本土歌曲、童话短剧、生活用语、原版电影片段等内容，提高学生学习英语的趣味性；建立1~6年级课外阅读必读与选读书目，建立六级考级方案。

4. 优化课程管理

开展教师培训，了解学生核心素养培养指向，明确学校课程框架结构，鼓励教师积极投入课程实施。稳妥地推进校本课程的设置与管理的调整。根据各年级实际

情况，梳理学校课程内容，围绕核心素养的培养目标分板块分年级实施。开展对学校课程的评价，根据评价情况，对校本课程目标和课程内容进行调整。

5. 建立家校合作机制

邀请家长走进学校，关注课程，与学校合作互动，促进学校课程发展，引领学生健康成长。

（四）课堂改革：优化悦课堂形态，使课堂教学实现更大绩效

1. 完善悦课堂形态

优化悦学小组建设，加强悦学单的设计与使用的研讨。通过开展"悦教·悦开心"为主题的系列活动，全面提高教师的教育教学能力。活动一：课程纲要分享课；活动二：悦课堂共研课；活动三：悦课堂擂台赛；活动四：专家指导课；活动五：悦课堂汇报课；活动六：悦课堂提升课。

2. 完善悦课堂教学流程管理

以培养学生学科核心素养为核心，不断丰富基于"阅学·悦学·越学"的悦课堂理念的内涵。阅学——先学，它是悦课堂建构的原点。悦学——展示，它是悦课堂建构的基点。越学——反馈，它是悦课堂建构的生长点。"阅学·悦学·越学"三者中，越学是最终的目的，阅学和悦学是方法和过程。通过教师、学生、文本、编者之间的生命对话和教学过程中不断地体悟，来唤醒学生沉睡的自我意识和生命意识，使学生领悟到自身的存在和内在心灵的需要，在成长的过程中发展自我、完善自我，丰富自我内涵，以实现自我生命意义的自由自觉的建构。理论层面上着重进行理论研讨、教学反思、论文撰写和课题研究；实践层面上以《悦课堂教学模式的实践研究》为引领，整合课堂教学改革经验，强化"以学定教""先学后教""为学而教"的理念，继续推进"悦课堂"的探索与实践。有效地推进"阅学——先学""悦学——展示""越学——反馈"三个环节在语文、数学、英语等学科的落实。结合学科特点，做到：课前——前置性学习，阅学；课中——导学解惑，悦学；课末——解决问题，越学。遵循学科特点，在音乐、体育、美术、科学等学科深入开展基于悦课堂特征的实践研究。

3. 抓实教学常规

坚持悦教育理念，以全面提升教学质量为目标，坚守常规，进一步细化教学常规检查，在日常教学中深化研究，寻找优化教学评价的途径，扎扎实实推进学校各项教学工作。以教学常规检查为抓手，严格落实并执行教学常规细则；继续落实"一日三巡"制度，发现问题及时反馈，规范教师的教学行为和学生的学习行为；加强对调研年级的教学管理，关注薄弱班级、薄弱教师，开展预约听课和随机抽查相结合的督促机制，通过参与备课与教研，加强对学科组和年级组的管理，促进合力的形成，确保学校整体教学质量的提升；坚持巡课、预约听课、推门听课等制度，关注课堂教学常态，及时反馈，督促改进。形成学段组、学科组和教导处三室联手的教学常规督查体系。坚持教学常规每周一抽查、间周一全查、每月一展示，帮助教师提高教学技能。

4. 提升教学质量

改进课堂教学，减负增效，提升质量。重视学生习惯养成，重视学生在课堂上听课的专注度、发言的站姿、声音响亮等习惯的指导，重视学生规范书写、错题整理、前置学习、自主规划等习惯的养成，有计划地培养学生自主学习的能力。创新评价策略，开展小学生发展质量标准和评价方式的实践研究，促进评价改革从"对学生的评价"走向"为学生的评价"，建设一套动态的衡量学生发展的评价机制。对教师教学能力的评价，着眼于多个方面，从教学水平、教学实绩、教学研究多个角度量化教学能力，构建比较合理的教师教学能力评价体系，让教师的心理更趋于平衡和向上，推动学校教学工作稳步向前。提升教学管理信息化水平。在学校内部实现管理平台全覆盖、管理教学相衔接、个人空间全接入，使信息化助力学校教学管理改革。积极开展基于数据的学情分析，进一步优化教学策略、教学方式、教学过程和教学评价，全面提高教学质量。

5. 落实常态教研活动

扎实推进校本研究。重点放在教研组（项目团队）、备课组建设上。整体安排学期教研活动的主题、方式，使校本教研系统化、系列化。促使备课组集体研课常态化。倡导低年级语文进行"字理识字"实验，中、高年级进行"单元整体阅读教学"的实验；数学、英语等学科将"游戏"（形式、方法、内容等）引入课堂。发挥教师的智慧，积极鼓励教师在课堂教学、作业设计与布置、班级建设等方面产生"新创意"，进行"微变革"。

6. 变革教学方式

教学过程是师生交往、共同发展的互动过程。教师要更新观念，努力改变教学方式，改进教学行为，积极尝试课堂教学方式的变革。倡导基于学情的探究学习，基于项目的问题解决式学习，基于实践的体验式学习和基于网络的自主合作式学习。推进优质教学资源的研发，加快研制与学科教学有效融合的数字化教育教学资源。提升数字资源应用水平，尝试推进互联网与课堂教学的融合，推进移动学习，通过基于微课的实践，鼓励教师开展微研究。创设促进学习方式转变的学习环境，支持基于核心素养的深度学习和个性化学习，促进学生学习的内化，提高学习的品质。

（五）评价实施：构建悦评价体系，使师生实现更全发展

1. 构建教师悦评价体系

教师评价以教研组捆绑式评价为基础，以《教师专业成长手册》为载体，从师德水平、学科能力、教学能力、科研能力、身心健康等方面进行评价。

2. 构建学生悦评价体系

学生评价以年级组捆绑式评价为基础，以《悦童年评价手册》为载体，借助区域教育质量健康体检和学生体质健康体检等手段，从品德修养、行为习惯、学习习惯、生活习惯、学业水平、兴趣特长、身心健康等方面进行评价。关注学生的成长，从细微处关注学生文明习惯的养成，强化师生已有的文明意识，巩固养成教育的阶段成果，逐渐形成学生的自管、自律能力，努力把学生培养成一个文明、守礼的人。尝试分层评价，根据《学生在校一日常规》，坚持"一周一重点，一周一小结"。借助晨会、队会、升旗仪式等教育阵地，进行宣传教育，加大通报反馈力度，反复抓，抓反复，并努力做到有始有终，坚持不懈。通过开展星级班级和美德少年、孝心少年评选等活动实施分层达标。

3. 丰富课外社团活动

为了达成学校育人目标，广泛培养学生的兴趣和特长，提高学生艺术才能，学校在原有学生舞蹈、合唱、跳绳、扣子画、篮球等社团的基础上，不断加强科技、快乐英语 show、美术、黏土、管乐等潜力社团的规划和指导，明确目标，积极打造，不断提高社团活动水平，提升影响力。

4. 举办校园艺术展演

为了更好地展示学生的艺术才能，体现在普及中提高的特点，学校每年举办一届全校性舞蹈、合唱、情景表演、英语社团展演等，要求人人参与，班班发动，在以年级组为单位展示汇报活动的基础上，选拔优秀节目参加学校层面的汇演，让每一位学生参与动、静态的展示，使他们在艺术活动中发现美，欣赏美，展示美。

5. 参加上级主管部门组织的展示交流活动

搭建一个舞台，给学生提供一个机会，让学生获得一份自信。不断创设条件和机会，积极组织参加各类汇报演出，努力把学生推向更高的展示舞台。努力构建对外交流的平台，参与国际交流演出。

（六）办学特色：构建校本课程体系，使办学特色更加鲜明

1. 丰富校本课程的种类

以丰富校本课程为核心，拓宽校本课程的范围，在扎实做好艺术类、语言类、学科类、综合实践类、体育类等校本课程的基础上，开发实施创客类、综合实践类等方面的课程。

2. 提高校本课程的教学效率

加大校本课程教研力度，研究探讨校本课程的教学形式，每月研讨一门校本课程授课方式，每周进行一次校本课程研讨课，争取出模式，出经验。以社团为基本单位大力开展各项校本课程展示活动，以活动促发展，以活动促提高。

3. 成立专门研究小组

进行课程评价体系的研究，争取在三年内成型科学有效的综合课程评价体系。

成立教材编委小组，进行校本课程教材的整理和编写，争取每门校本课程均有配套的教材，保证校本课程的延续性。

4. 国际文化节的侧重点更多向学生倾斜

国际文化节的举办，展示了学校的文化特色和实力，场馆参观和舞台表演使学生体验到了国际文化的魅力。在接下来的三年，将侧重于让学生感受到国际文化节是为他们准备的精神盛宴，让学生时刻期待国际文化节。

5. 拓展教师国际视野

加强教师培训，挖掘教师潜能，以模联、海外修学等形式开展国际交流活动，拓展教师国际视野。加强国际理解教育，增进学生对不同国家、不同文化的认识和理解。

（七）德育建设：构建悦体验活动体系，使德育工作实现更实效果

1. 系统规划德育课程

多维整合各类德育资源，以社会主义核心价值观为引领，丰富德育课程的内容，将养成教育与礼仪教育融为一体。基于学生的校园一日生活，从扫地、书包整理、上课坐姿、上下楼梯等小事入手，制作养成教育微课程视频，坚持一周一主题，一周一反馈，实行大、中、小队联合行动，部门、年级、教师、学生齐心协力，营造"一呼百应"的教育氛围。丰富入学礼、入队礼、十岁成长礼、毕业礼的内容与形式，开发清明节、端午节、中秋节、重阳节等中国传统节日微课程，汲取《弟子规》《三字经》国学经典中的"孝悌""感恩"等德育精华，传承中华优秀传统文化与礼仪规范。坚持在活动中育人。策划好每年一度的"国际文化节""科技体育节"等活动，增加学生喜闻乐见、参与性强的活动项目，挖掘家长和社区资源，让"老爸老妈进课堂"成为常态。坚持"让报喜的电话响起来"，关爱特殊学生，珍爱并呵护每一个生命，让报喜的电话重新燃起学生的自信，唤起家长对孩子的信心与期待。注重从"心"（谈心、心理辅导）开始，倡导成长比成才更重要。坚持"温馨教室"的创设。在统一规定的常规要求外，给予班主任更多的自主权，发挥其主观能动性，形成"一班一品一特色"。

2. 丰富教育内容，提高学生道德素养

（1）以丰富的活动为载体，对学生进行爱国主义教育

充分利用重大节日、重要事件和重要人物纪念日，结合民族文化、历史名人、革命传统等教育开展系列活动。学校着重落实好"五个一"，即：每天举行一次升降国旗仪式，每周开展一次班级主题教育活动，每学期开展一次班级文化风采展示活动，每学期组织一次班级特色表演活动，每学年组织一次校外综合实践活动。

（2）以养成教育为主线，广泛开展"快乐德育"实践活动

认真贯彻落实《中小学生守则》《小学生日常行为规范》，针对学生的年龄特点，加强文明行为习惯的养成教育。每月举行一次"快乐接力"趣味体育展示活动，每月开展一次"快乐 street"跳蚤市场活动，每学年开展一次"快乐总动员"社会实践活动。通过这些活动，逐步规范、引导学生在礼仪、卫生、动手、健体、与人交往等养成良好的习惯。

（3）以课堂教学为切入点，实现教书育人

注重不同学科教学特点，从学科知识体系的内涵中挖掘德育因素，在课堂教学中实施德育渗透。数学、科学等学科以自然辩证法教育为实施德育渗透的基本元素；语文、道德与法治、音乐、体育、美术等学科以完善健全人格教育为实施德育的主导因素。

（4）以法制教育和心理健康教育为重点，塑造学生的美好心灵

今后三年内，着重抓好两项工作：一是加强法律普及教育，针对性地加强少年儿童违法犯罪知识教育，通过举办讲座、组织参观、法律宣传、知识竞赛等多种形式，不断增强学生的法制意识。做好法制副校长聘任工作，有计划、有组织地开展好学校法制教育报告会或其它形式的教育活动；二是要加强学生不良行为的纠正工作，配备专职或兼职人员，开设心理健康教育课，了解学生心理状况，解除学生心理障碍，引导学生做好心理调节，塑造学生的美好心灵。

（5）充分利用"星级学生"评定机制，引导学生全面发展

充分利用综合素质评定，落实学生全面发展理念。大队部把好综合素质评定关，

引导学生积极参加学校开展的各项活动。星级学生评定坚持"大队部牵头把关，班主任负责，民主认定"的管理思路。制定实施《星级学生、星级班级评定方案》，并通过多种形式让学生了解学校星级评定方案，以引导学生积极参与、自觉遵守。

3. 加强班级文化建设

各班要围绕悦文化进行班级文化建设。制订班规班训、班徽班歌、班级精神、班级口号，并将其转化为可视文化，全面打造班级向心力。完善班级图书角、植物角、作品展示角等，为孩子们营造温馨和谐、健康向上的学习环境。

4. 构建悦体验活动体系

学校努力构建以生为本的"悦体验"活动体系，让每一个孩子享受快乐童年。一是开展主题体验活动。一月一节，一月一项主题体验。二是开展社会实践活动，让学生走出校园，深入社区，走进大自然，感受大自然的美丽，提高社会实践能力。

5. 建设优秀班主任队伍

健全班主任工作制度。建立班主任聘任制度，选聘优秀教师担任班主任。改革评价激励机制，尝试设立"首席班主任"，开展"最美班主任"评选活动。聘任优秀班主任担任"德育研究员"，利用班主任论坛，班会展示、案例研讨、专业培训、专家讲座等，促进班主任专业成长，提升班主任管理智慧。

6. 提升班主任幸福指数

对班主任给予更多理解和关心，定期召开班主任专题会，征求意见，倾听呼声，解决困难，减轻负担。提高班主任津贴，让班主任在感受教师职业幸福感的同时，提升物质待遇。

7. 构建学校、家庭和社会三位一体的德育工作网络，形成教育合力

开展以"悦携手"为主题的家长节系列活动，架起家校沟通桥梁，提高家长素养和家庭教育能力。活动一：开设家长课堂；活动二：组织家长开放日；活动三：举行家委座谈会；活动四：成立家长志愿者社团；活动五：组织亲子游戏活动；活动六：组织优秀家长评选等。拓宽德育途径，创新德育方法。充分发挥家长委员会在学校德育工作中的作用。定期聘请教育专家对家长进行培训和指导，加强家校沟

通，邀请家长参加学校大型活动，加强学校家长委员会、社区教育委员会等建设工作及社区教育共建工作。积极创建和有效利用德育实践活动基地，尽可能多地建立学生社会实践活动共建单位，聘请一批校外辅导员，有针对性地开展校外教育活动。

（八）教育科研：营造悦科研氛围，促进教师的快乐成长

1.加强课题管理

形成多层次、多方位的课题管理网络，使课题的产生紧密围绕学校教育改革实践，注重课题实施过程的管理，及时做好课题开题、中期检查与结题工作，并做好课题的交流与推广应用。定期召开教育科研研讨会，分享并推广学校教育研究成果。

2.全面出击，重点突出

以悦课堂为核心进行课堂教学改革，成型各学科的悦课堂形态和指导意见。

3.全面推进小课题研究

让教科研立足于教学，解决教师教学的实际问题。课题组要制定好实验计划和实施步骤，并在课堂教学中体现课题研究的成果。每学期展示一节实验课，每月撰写一篇课题研究体会，期末写好课题阶段性总结和论文，积极向各级刊物投稿，并注意资料的积累与整理。

4.培育科研队伍

加强多种形式的科研培训，提高教师的研究能力，通过讲座、研讨、沙龙、课例分析等形式组织教师进行专题学习，促使教师成为掌握现代教育理论、知识结构合理、业务精良、科研意识强、科研能力突出的创造型教师。

5.加强与上级科研部门的合作

根据学校需要，积极申请国家级、省市级的课题研究，结合课题研究聘请上级科研部门的专家作为课题顾问，指导学校的科研活动，提高教育科研的实效性。

6.积极营造浓厚的科研氛围

开展丰富多彩的教育科研活动，如科研沙龙、教学课例研究、专家讲学，校际交流与合作、教育故事或随笔交流等，形成良好的教育科研氛围。

7. 完善教科研管理制度

确立教育科研的先导地位，强化教师的科研意识，提高教师的科研能力，建立健全教育科研成果评价制度和奖励制度。

（九）总务工作：构建悦服务后勤管理模式，全面提高服务水平

1. 加强经费的管理使用，加强财务管理

严格按照《中小学财务管理制度》的有关规定，对学校资金统一核算、统一管理，定期对学校财产进行清查盘点，做到帐表相符、帐物相符，以防止学校财产流失。加强财物使用管理，加强节水、节电管理，合理利用资金，坚决反对浪费行为。

2. 增强后勤人员的服务意识，提高服务质量

营造温馨和谐的工作环境，及时维护检修教育教学设施设备，配备教学器材，保障学校日常工作，尤其是教学工作的高效健康运行。做好教职工食宿服务工作，改善食宿条件，营造良好的工作环境。

3. 结合学校办学特色，配备相关设施设备

确保配足备齐各项设施设备，全力为教育教学工作做好后勤保障。

4. 提升管理水平，确保校园安全

高度重视学校安全工作，认真落实学校安全目标责任制、重大安全事故报告制和责任追究制，落实防火、防盗等各项措施。加强对师生的安全教育，提高安全意识和自我保护意识，杜绝校舍安全事故、饮食饮水安全事故及学校重大活动安全事故的发生。切实加强门卫值班制度，发现隐患及时排除，重要情况立即请示汇报，真正做到对学生负责，对家长负责，创设良好的育人氛围，创建平安校园。

（十）设施建设：创建师生悦生活的校园环境，打造国际化、人文化学校

1. 创设校园文化景观环境

巩固学校现有绿化，做好校园绿化维护，通过不同植物的搭配组合，创设一个

春花烂漫、夏荫浓郁、秋色斑斓、冬景苍翠的校园文化景观环境。积极组织专业人员对校园树木花草等进行修剪、移栽、布局，更换部分树种，购置必要的盆栽花卉，装点门厅、楼道等。通过对各区域的绿化改造，营造一个简洁大气、具有文化内涵、季相变化丰富的校园绿化景观环境。

2. 建设学校网站、微信公众号

拓展学校展示空间，优化教学、办公条件和环境。完善学校网站、微信公众号的运营。优化一、二级栏目的设置，不断向宣传校园文化靠拢，增加可观赏性，并向社会推广。增加栏目的趣味性，制作一些微视频、连环画等具有吸引力的素材对学校进行宣传推广。在推广英语特色和悦文化方面，成为区里的佼佼者。

3. 做好校舍的维修和美化，让校舍常用常新

及时检修、美化校舍，加强对学校四周景观绿化设计，并对校园原有楼体和地面进行修整，让校舍成为校园风景，成为育人阵地。

4. 抓好学校建设，紧跟区域发展

从全区经济、教育、社会发展形势来看，经开区经济发展态势良好，劲头十足，从而带动城镇化进程加快，入驻企业增加，人口迅速增长，周边小区适龄入学儿童不断增加。为了满足适龄儿童就学，提供优质教育资源，根据学校运动场地不足、学生阅览地方受限、教师停车困难的现状，为提供优质教育资源，拟扩建运动场地和综合楼，以满足学生活动、学校发展需要。

五、重点实验项目、年度目标及达成标志

重点实验项目：教师专业提升实验、课堂教学形态提升、学生管理经验的提炼、校本课程的研究。

（一）教师专业提升实验

第一年度目标：以新教师培训为切入点拉动教师全员培训。

达成标志：制定教师个人发展规划，对梯级教师进行认定。

第二年度目标：通过以骨干教师为引领的专题培训，全面提高教师素养。

达成标志：构建骨干教师对教育教学引领框架。

第三年度目标：建立教师专业成长档案，形成有形成果。

达成标志：形成教师专业培训模式。

（二）悦课堂形态提升

第一年度目标：组织教师进行校内交流、观摩，形成有对话特色的悦课堂形态，使每位教师熟悉"悦课堂"的三个流程。

达成标志：初步构建"悦课堂"教学形态。

第二年度目标：争取 2~3 个学科形成比较成熟的教学形态。

达成标志：语文、数学、英语三个学科形成比较成熟的新型形态。

第三年度目标：在所有学科中铺开，进行成熟的课堂形态展示。

达成标志：总结有一定推广价值的经验做法。

（三）学生管理经验的提炼

第一年度目标：德育活动系列化。

达成标志：积极构建体系化的德育活动，完善学生星级评价体系。

第二年度目标：建立真诚、和谐的家校关系。

达成标志：积极建立学生家长参与学校管理机制，加强家校联系，把学生家长作为学校教育的必要伙伴，形成教育合力。

第三年度目标：德育教育系列化。

达成标志：构建分阶段系列化的德育培养体系，明确低、中、高年级不同的培养目标。

（四）校本课程的研究

第一年度目标：成型校本课程评价体系。

达成标志：建立校本课程评价体系，编制校本课程评价手册。

第二年度目标：成型校本课程体系。

达成标志：形成校本课程的六大模块课程及特色课程，出台课程管理办法。

第三年度目标：成型校本课程特色项目。

达成标志：打造特色课程，形成影响力，并在全区推广。

六、发展规划目标达成的保障措施

（一）组织保障

《学校发展规划》是学校办学思想、理念、发展目标的具体表达，是对未来发展的期盼。创造性地实施规划，重在践行，贵在落实，逐年跟踪评估，不断修正改进，使学校始终处在良性、高位、快速的发展状态之中。

加强实施规划的组织领导。成立以校长为组长的学校发展规划领导小组。建立校长负总责，党支部保障，各部门分工落实的责任体系。各部门要认真研读、深刻理解三年发展规划的内涵要求，对目标任务进行细化分解，明确分工，制定实施方案，分阶段分步骤组织实施并跟进评估。

发挥党员先锋模范作用。在落实三年发展规划过程中，党支部要积极参与学校规划的实施过程，充分发挥党支部的政治核心作用。引导广大党员勇于创新，破解发展难题，脚踏实地，努力成为爱岗敬业的旗帜、提升质量的标杆、班级管理的示范和廉洁自律的表率，成为学校发展的中坚力量。

凝聚共识智慧，完成学校发展使命。召开教职工大会，组织专题学习，使广大教职工深刻领会三年发展规划的主要目标任务，准确把握发展主线、主要精神和重大举措，把智慧和力量凝聚到落实规划上来。充分调动非党员教职员工的积极性，营造平等、合作、同舟共济的氛围。充分发挥工会、教代会以及校务委员会的作用，及时评估、督查规划落实情况。推进校务公开，实现民主管理、人文管理，将广大教职工关注点引导到学校发展上来，同心同德，完成学校发展大业。

（二）制度保障

完善学校管理制度。继续实行教职工聘任制度、绩效考核制度、教师交流制度，编辑《学校管理手册》。

优化"优绩优酬，多劳多酬"的分配制度。完善《绩效考核方案》，充分调动教师的积极性、主动性和创造性。

（三）后勤保障

多方筹措资金，改善办学条件。用好政策，积极争取政府对学校的投入；同时主动吸纳企事业单位、团体、个人、校友和家长对学校的资助。进一步完善经费使用制度，严格计划使用，严格审批手续，杜绝一切浪费现象，确保经费使用的最大效益化。

优化后勤服务，改善工作条件。成立后勤服务小组，为教师提供便捷服务。努力优化和改善师生工作、学习环境，让学校成为师生工作、学习的温馨家园。

强化责任意识，维护校园安全。加强安全教育和生命教育，强化学校安全管理，层层签订安全责任书，实行领导负责制和责任追究制。以覆盖全时段监控为主要手段，形成严密的安全防护体系，定期开展校内安全检查。完善学校突发事件应急处理机制，为学校高位、快速发展提供平安稳定、井然有序的环境。

（四）评估保障

1. 制定年度工作目标和计划

为落实规划的实施，学校、各科室、各年级、各班级应制定相应的工作计划，形成较为详尽的计划方案体系。学校除年度工作计划外，每学期将制定相应的实施计划，把规划内容落实到位。

2. 建立评估体系

根据学校发展规划的内容，制订相应的评估体系，每学年组织评估，监督规划的实施，并能够及时调整，修订规划。

未来三年是学校发展的关键时期，任重而道远。我们一定要统一思想，振奋精神，齐心协力，发扬"悦·思·彩·翔"的精神，为实现学校三年发展规划，努力建设省市一流、国内知名的教育品牌而努力奋斗！

第三章

悦趣课程，百花齐放

教育就是生长，而生长点源于课程。今天的课程设置，就是明天的国民素质。培养德智体美劳全面发展的社会主义事业建设者和接班人，课程是关键，素养是基础。

第一节　用课程润泽生命

作为校长，我经常思考：我的孩子们快乐吗？他们全面发展了吗？素质得到有效提升了吗？教育，究竟应该给孩子们什么？课程，应该肩负起怎样的使命？这应该是学校课程建设思考的出发点。

一、明晰理念，树立灵魂

文化是学校发展的灵魂，更是课程建设的魂中之魂。据此，我们确定了学校文化主题：悦文化，核心理念：悦文化·悦教育·悦人生，育人目标：培养具有中国情怀和国际视野的"六格悦豆儿"。为了全面践行学校的核心理念，培养学生的核心素养，我们构建了"一轴·三纬·六经线"的立体发展架构。通过践行悦文化，立学校发展之灵魂；实施悦教育，树学校教育之品牌；成就悦人生，谱写"悦·思·彩·翔"美丽篇章。

二、正本清源，明确方向

学校课程规划的核心内容应该是在学校愿景的统领下形成的。学校的愿景是让每一个孩子体验成长的快乐，让每一位教师享受教育的幸福，让每一位家长收获教育的希望。有了这样的愿景，学校课程建设的思路就豁然开朗了。我们的定位原则是：大家来开发让学生快乐体验、教师享受幸福、家长收获希望的课程。每个人，包括教师、学生、家长，既是课程的实施者，更是课程的开发者、享受者。学校课程，通过人文的、科学的、大家喜欢的方式来培育人更丰富的情感、智能，构建人的情感体验、智能活动的欢乐所。我们称之为以人的发展为本的"悦课程"体系。

三、因需而设，分类推进

一位教育专家曾说：没有课程规划就没有课程管理。学校课程规划主要回答两大问题：一是国家课程如何校本化实施？二是如何开发和利用校本课程？基于以上思考，我们依据《基础教育课程改革纲要》《学科课程标准》，结合学校文化理念，制订了课程建设规划方案，建构了悦课程体系图谱：

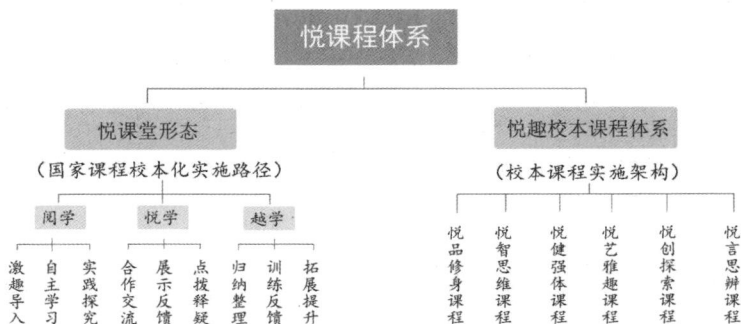

为了确保课程体系的有效落地，我们申报了河南省"十三五"重点课题《小学悦课程体系构建实践研究》，已顺利结题。学校被评为郑州市课程建设先进单位。

四、畅悦体验，快乐成长

我们的课堂教学究竟是为了什么？什么样的教学才是师生喜欢的？什么样的教学才是促进师生快乐成长的高品质教学？为了回答这些问题，我们对国家课程校本化实施的路径进行了有效探索，总结提炼出悦课堂形态。悦课堂形态被认定为郑州市道德课堂有效形态。这是悦课堂形态结构图谱：

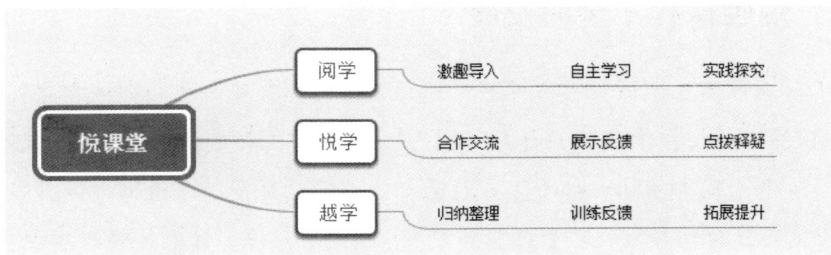

（一）悦课堂的结构观

悦课堂形态主要包括"阅学·悦学·越学"三个环节和"激情导入·自主学习·实践探究——合作交流·展示反馈·点拨释疑——归纳整理·训练反馈·拓展提升"九个要素。其中，"阅学"是基础，"悦学"是核心，"越学"是关键。

（二）悦课堂的价值观

悦课堂的核心是什么呢？其核心是帮助学生真正学会学习，自主学习，体验性学习，创造性学习，进而享受学习。悦课堂中进行悦体验，悦体验中实现悦成长，我认为，这不仅是悦课堂教学法的核心，也应当是所有教学的核心。我把这一核心的定位看作是悦课堂教学法的价值观。教学的真正价值，就在于让学生会学、善学、体验性的学、创造性的学。

（三）悦课堂的实践观

悦学小组是悦课堂的核心组织，是关系到悦课堂成功与否的命脉。一是要做好悦学小组长的选任与培训；二是要做好悦学小组的分工与管理；三是要做好悦学小组的评价与激励。悦课堂的导航仪是悦学单。悦学单的使用流程包括：教师个人备个案→集体研讨确定"悦学单"→课堂组织实践"悦学单"→课后反思补充"悦学单"。

（四）悦课堂的评价观

教学评价是教学流程操作的导向，悦课堂教学评价的真正目的在于让学生会合作、善质疑、乐思考，激发每一个孩子的潜能，促进每一个孩子的成长，打造团队正能量，促进学生个体、悦学小组及班级团队的整体发展。

五、悦趣课程，全面发展

为了全面落实立德树人根本任务，提升学生核心素养，我们把校本课程作为国家课程的有效补充。校本课程的开发过程是以"快乐"为核心，确立了课程规划的"两个基于"（基于校本实际、基于多方对话），"四种开发"（教师主导开发、家校合作开发、校社合作开发、学生自主开发），形成了六位一体的悦趣校本课程体系。

包括悦品修身课程、悦智思维课程、悦健强体课程、悦创探索课程、悦艺雅趣课程、悦言思辩课程六个模块，为人人发展、全面发展、个性发展、持续发展提供优质的成长平台。

这是悦趣校本课程体系图谱：

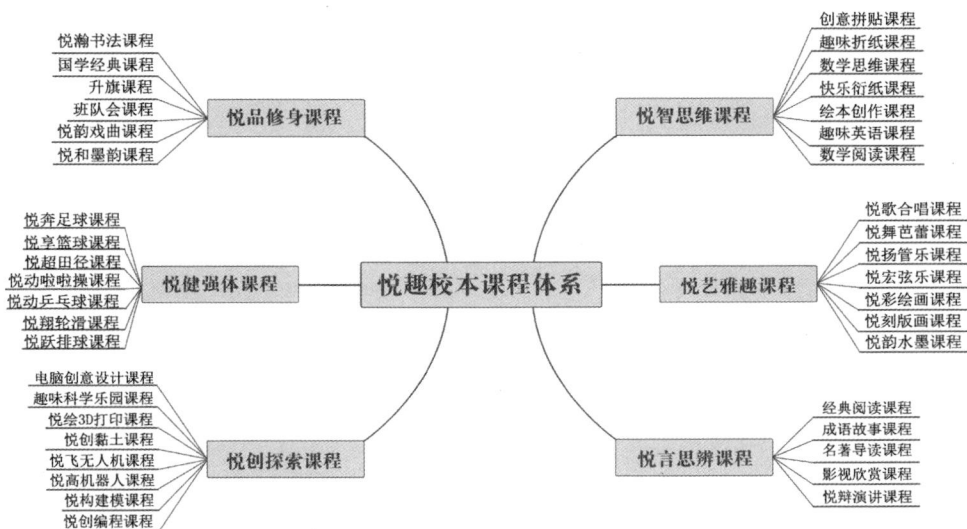

这是悦趣校本课程要达成的育人目标：

悦趣校本课程体系内容	育人目标							
	广兴趣	悦分享	会思考	乐探究	好运动	勤实践	善合作	知礼仪
悦品修身课程	√	√	√	√		√	√	√
悦智思维课程	√	√	√	√		√	√	
悦健强体课程	√	√			√	√	√	
悦艺雅趣课程	√	√	√	√		√	√	√
悦创探索课程	√	√	√	√	√	√	√	√
悦言思辩课程	√		√				√	√

悦品修身课程中的书法课程，倡导孩子们在写字中学会做人，在 2019 年国际青少年艺术节的书画比赛中，3 名学生获特等奖，6 名学生获一等奖，6 名学生获二等奖，2 名学生三等奖。获奖学生代表参加了在北京电视台艺术大厅举行的颁奖典礼，孩子们还进行了现场书写，受到观众的啧啧称赞。

悦言思辩课程中的演讲课程，包括：学生演讲课程、教师演讲课程、家长演讲课程、每日三分钟演讲课程和升旗演讲课程，为师生和家长搭建了精彩展示、大胆表达的平台。

悦创探索课程中黏土手创课程，将语文、音乐、科学、美术和信息技术等学科有机融合。孩子们创作的电子戏曲脸谱在北京参展，受到国务院副总理孙春兰的称赞，《爱心与教育》组歌大型作品，受邀参加全国苏专会 2019 年年会展览，受到与会人员的一致好评。

学校课程不能只是满足学生的需求，只为学生服务。还要满足教师在更多方面的需求，为教师服务。学校在广泛征求教师意见的基础上，开设以教师的发展为本的"套餐型"课程和"自助餐型"课程。比如："套餐型"课程：一是根据学校每年都会增加新教师的现状，开设了新教师教学技能提升课程。二是根据教师整体现状，开设了教师整体素能提升课程。"自助餐"型课程：是供老师们自选的课程，内容包括：学看体检报告、服装色彩搭配、生活摄影构图、化妆美容及儿童急救的处理、如何缓解心理压力等，大家可以根据自己的需要选择课程。

结合学校学生家庭状况，在现有学生中 55% 来自于当地村民，这种状况决定了这些孩子的家庭教育普遍存在意识淡薄、家庭教育方法不当、家庭教育管理缺失等问题，给教师教育管理带来了重重困难。为了改善这种现状，学校充分利用教育专家、学校的优秀教师、优秀家长等资源，开发家长课程，内容包括：如何进行亲子阅读？如何帮助孩子养成好习惯？怎样做好孩子的第一任老师？……全面提高家长素质和家庭教育能力。

六、收获幸福，各得所愿

学校课程开发，不是学校的自娱自乐，不是政策的僵硬实施，它最终落脚于促进学生、教师的双向发展，推动学校的高品位发展。

（一）学生层面

以读书丰厚底蕴、以实践推敲真理、以参与培养德行、以智力发展个性、以体验收获幸福。学校给孩子们搭建平台、提供舞台，小心呵护孩子们的兴趣、爱好，就会让孩子的成长百花齐放。一门课程，一次体验，就有可能让孩子们确立人生目标，成为某一领域的行家里手。

（二）教师层面

以精研提升业务、以视野开阔情怀、以开发彰显潜能、以学习丰富内涵、以发展收获幸福。在学校课程的实施过程中，大家收获的是喜悦，看到的是孩子们实实在在的成长，老师们在教学理念、教学方式上的改变。他们开始有想法、有创意、有理念支撑；他们开始谈特色、有新意、有高度，让人振奋、让人欣喜；他们开始胸中有梦、心中有情、手中有书、眼中有事、工作有心、生活有色。他们在实践探索中更新了观念、提升了素养、激发了热情、提高了境界。

（三）学校层面

当零星的理念和独立的一项项工作被疏理成学校课程体系时，我们的学校文化就在不断地形成。我想我们的主要工作就是维护、捍卫、发展学校的优秀传统文化，并在此基础上，创造新的、与时俱进的优秀学校文化。探索学校课程文化建设无疑是提高教育教学质量的有效途径。当它一旦形成并内化为全体师生的价值追求时，发挥的作用是巨大的，生命力也是持久的，因为文化的力量是永恒的。当一所学校拥有幸福的孩子和老师的时候，他的幸福是不言而喻的。

生命的每一个阶段都应当是精彩的。我有一个美好的愿望：希望每一位从学校走出的孩子都能有一段发生在校园里的值得他们永远珍存的美好回忆；都能有一个值得向别人分享的独特故事；都能有至少一种兴趣爱好；都会有一颗或大或小的种子深深地埋藏在他们的心里，能够在未来的岁月里悄悄萌芽，在阳光雨露的滋润下快乐成长。

第二节　让课程助力生命成长

学校课程建设是促进学校特色发展、内涵发展、可持续发展的重要载体，更是为学生成长服务的，有什么样的课程，就能培养什么样的学生。课程，于孩子而言，是一种机会、一个过程、一个舞台、一些感悟……基于学生核心素养的发展，我们将国家课程、地方课程和校本课程融为一体，构建校本化、多元化的悦课程体系，以便更好的为学生成长服务。

一、　分析现状，确立目标

学校绝大多数学生来自城中村和外地来郑州购房家庭，这些孩子淳朴热情，但在文明习惯、阅读习惯、探究习惯、合作习惯等方面有所欠缺，在个人兴趣特长发展方面还缺少平台。学校课程建设中心通过走进课堂，与学生进行面对面交流；召开家委座谈会和家长会，征求家长意见；开展问卷调查，以了解学生在校本课程学习中的需求。通过学生的问卷调查，走进孩子的世界，倾听孩子的心灵呼唤。"我羡慕姚明，多么希望能像他一样在赛场上大展国人风采""我喜欢坐在电脑前敲击键盘，点击鼠标，神游信息世界""我喜欢英语""我想有一手漂亮的字""我希望自己能说会道""我想成为逻辑推理高手""我希望开设心理咨询"……关注孩子的兴趣需求，注重孩子的个性发展，我们将尽最大努力满足学生的多样化发展需要，设置供学生自主选择的校本课程。

为达成"培养具有中国情怀和国际视野的六格悦豆儿"的课程目标，学校秉承"一切活动皆课程"的理念，构建独具特色的校本课程体系。依据前期调查问卷的结果设置课程内容，实行年级段走班选修制。也就是在学期初由各个校本课程的任课教师进行学生的招募，根据资源的实际情况核定招募学生的数量，并提前出海报告知学生学期的开设内容，由班主任发放课程选择指南，让学生进行填报，并最终交由校本课程的任课老师进行汇总。然后编班开设，走班上课。由学校教导处统一安排校本课程的开放时间和授课地点。

学校从办学传统与特色发展出发，基于学生核心素养的发展和育人目标的达成，构建适合学生发展的课程体系，让学生在丰富的课程中实践、感知、领悟、收获，培养家国情怀，提升个人素养。

二、构建体系，实施目标

围绕学校办学理念和课程目标，沿着国家课程校本化、校本课程生本化的路径，学校对课程进行了规划、开发和组织实施，以便更好的为学生服务，建立起适合学校实际的、指向学生发展的、让师生拥有较高幸福度的校本课程体系。

（一）生命课程——让成长有保障

随着社会的进步和经济的发展，特别是互联网时代带给人们的冲击非常大，青少年的生存状态发生了巨大的变化，他们对于生命价值的认识面临严重的威胁，道德观念、理想信念以及健康意识在多元文化价值的冲突下常常使他们容易产生偏激行为。学校开展生命课程教育，就是应学生发展需求而产生的。生命课程遵循学生的身心发展规律和生命成长规律，以提升学生生命质量为中心，将心理健康教育、性健康教育、安全教育、预防艾滋病教育、扫黄打非教育、环保教育、国际理解教育、生命价值教育、死亡教育等作为重要内容进行有机整合，有目的、有计划、有系统地对青少年进行生命关怀教育，帮助学生树立正确的人生观、价值观和生命观，让学生在认识生命、体验生命的基础上珍爱生命、敬畏生命，提高生存能力和生命质量，为学生的成长提供强有力的保障。

学校充分利用每周一的国旗下讲话对学生进行系统的健康教育和养成教育，使学生树立正确的理想信念，拥有优良的品行。每天进行阳光体育活动课，引导学生强健体魄。从课程渗透，指导学生学会做人，做一个健康、向上、有品性、有教养的人。从学生兴趣、天性着手，引领学生呵护身心健康。

环境与每一个人息息相关，对家园进行保护的意识需要从小植入，学校利用植树节、世界水日、世界环境日等教育契机引导学生爱绿护绿、节水惜水、关注环境、保护环境。指导学生要立志于从身边的小事做起，绿化美化校园环境，建设生态文明学校。

安全教育是提升学生自我保护能力的有效途径，也可有效的预防事故的发生。学校通过集会讲解、板报设计向学生宣传安全知识。每月进行一次疏散演练，4月更是学校的安全教育月，以消防安全、交通安全、校园安全和饮食安全、传染病防治等为主题开展系列的安全教育活动，使安全警钟长鸣。

随着经济的发展，信息网络化、观念多元化的态势给学校教育提出了严峻的挑战，学生通过学法律、讲道德，有效提升自我约束力，关键时刻也能保护自己。学校邀请警官、从事法律工作的家长来校进行法制知识讲座，给学生建立是非观念和善恶标准，使学生了解一些与日常生活密切相关的法律常识，进行法制观念的启蒙教育，使学生具有分辨是非的能力，从小遵纪守法。

（二）仪式课程——让成长有印记

中国以"礼仪之邦"著称，素来注重礼节和仪式，仪式教育古来有之。如古代入门时的拜师礼，一般要经历拜祖师、拜行业保护神、行拜师礼、聆听师父训话、宣布门规及赐名等程序；成人时的冠礼要经历定冠期、戒宾、宿宾、宾至、初冠、再冠、三冠等程序，目的是"成人之者，将责成人礼焉也"。仪式课程既是对中华优秀传统文化的继承和发扬，也是学校特色文化的体现与创新，可以给学生六年的童年生活以规则、以习惯、以情感、以印记。

学校通过开展一年级入学礼、入队礼，四年级十岁礼，六年级毕业礼等仪式课程，抓住孩子成长中的重要日子，让学生有更多的体验，为他们搭建成长的阶梯，丰富童年学习生活，优化学校教育生态。学生加入少先队，成为一名少先队员是成长历程中第一个政治身份。从入学到入队，这期间有一年的时间对学生进行队前教育，让孩子了解队的知识、学习队的礼仪，试着理解即将在队旗下说出的誓言。这个时候举行隆重的入队礼，让孩子们迈过入学成长之门，做一个习惯好、素养好的孩子。入队仪式上，每个中队接受中队旗，孩子们的归属感和自豪感油然而生。老队员为新队员佩戴红领巾，稚嫩的笑脸，在红领巾的映衬下熠熠生辉。全体少先队员在队旗下，以誓言明确志向、确定自己心灵的风向标。小学六年的光阴，如同一颗颗珍珠，串起了孩子们珍贵的童年。对于六年级的孩子来说，毕业既是小学生活的终点，更是成长过程中一个新的起点。六年级毕业礼以感恩为主线，让感恩"唱主角"，以"回忆、感恩、畅想"等环节，父母养育之恩、老师教诲之恩、朋友帮助之恩，点点滴滴见证孩子们与学校的一段缘，从这个大家庭相识的那一天，到每一次尽情玩耍的外出实践，每一次挥洒汗水的运动会，每一次激情澎湃的比赛，每一次欢乐高歌的歌唱比赛等，串起孩子们童年里最快乐的回忆，让孩子们感受到在母校的成长历程，强化"最后一课"的情感记忆。孩子们载着学校的祝福，载着老师的祝愿，载着梦想而起航。四个礼贯穿学生六年小学生活的全部，又把握了学生成长的四个关键期，让孩子们在小学的学习生活中，在成长的特殊阶段，留下成长的足迹、深刻的印象和美好的愿望。

除了学校集体的仪式课程之外，各班级的仪式课程，关注学生生命成长的过程和需要，努力形成学生不断汲取正能量、释放正能量的集体家园。如：三年级的"书香家庭"读书交流仪式、四年级的"读书之星"颁奖仪式、五年级的"足球之星"颁奖仪式、六年级的"玫瑰之星"颁奖仪式。其中，五（5）班足球队在学校"校长杯"足球联赛中获得冠军，并代表经开区参加郑州市"冠军杯"足球联赛，获得一等奖，足球队员在赛场上那种奋力拼搏、团结协作、永不言弃的精神，激励着学校的每一个学生。隆重举行"冠军杯后的故事"颁奖仪式，让孩子们、家长代表、班主任共同回顾学生在参赛过程中一个个温暖的细节、美丽的瞬间和令人感动的故事，让获奖的孩子讲述他们的心路历程，并请来学校两位入选全国玫瑰之星的足球队员，讲述他们平时是怎样刻苦训练的。通过身边人的现身说法，给学生树立身边的榜样，迸发追求卓越的愿望。如果没有仪式，也许这次获奖、这次经历，就会很快在孩子们心中淡化。就像每年春节，人们从不同的地方、不同的城市赶回家，一起吃年夜饭。有了仪式，就让看似普通的一顿饭在仪式中有了不同的意义。

简约、隆重、生动的仪式，散发着浓浓的人文气息，是教育理想和人生梦想的集体放飞，能唤醒孩子对生命和人生的重大体悟。

（三）成长课程——让成长有方向

成长课程包括：礼仪课程、梦想课程和生涯教育课程。礼仪课程有利于学生与他人建立良好的人际关系，形成和谐的学习氛围，促进学生的身心健康发展。古话说"不学礼，无以立"，礼仪课程是德育的重要内容，必须把发展礼仪放在首要位置。让学生学习和掌握礼仪的规范和制度，不仅对学生个体身心发展有重要的作用，而且对学生学习良好的社会礼仪提供了保障。礼仪课程主要是让学生讲文明、懂礼貌，做新时代的好少年。学校以"诚实守信""尊老敬老""文明礼仪""家国情怀"为主题，举办了一系列的道德讲堂，以身边人讲身边事，以身边事教育身边人，弘扬中华传统美德，培养学生公民意识，让道德讲堂成为自主教育、自我完善、净化心灵、提升境界的主阵地。

基于"全人教育"理念，融合问题探究、团队合作、创新创造、情绪智能等元素，学校开设梦想教育课程。梦想课程主要分为三个模块的内容："我是谁""我要去哪里""我要如何去"，培养学生多元视角和创新思维。帮助学生实现内心的成长而不是追随外部的诱惑；追求广阔的视野而不只是狭窄的格局；让学生坚持独立的判断，而非寻找标准的答案。梦想教育让学生有一个自信、从容、有尊严的未来！不仅开阔了学生的视野，还点燃了学生的理想和激情，让孩子们敢于做梦、勇于追梦、努力圆梦！让梦想引领孩子们健康成长！

生涯教育对学生也有非常重要的意义，特别是面对新一轮的高考改革，加强学科的生涯融合，开设适合学生的生涯课程，重视学科类的校本课程与社团体系建设三个方面的生涯教育，对学生进行职业认知、兴趣指引，均有不一样的意义。

（四）社团课程——让成长有个性

学校将丰富多彩的特色社团活动纳入课程计划，为学生提供丰富的课程群，让学生根据自己的兴趣、爱好和特长进行选择，以发挥校本课程实施的意义。至今已陆续开设80多个社团课程，这些课程深受学生的喜爱和家长的称赞。

通过书法、戏曲、版画课程和我们的节日系列活动，将优秀传统文化的思想精华、道德精髓渗透到学生的生活中，重启发，重激励，重鼓舞，使学生感受民族精神。我们将传统文化融入到班级文化、融入到学校的活动中，例如在运动会的开幕式上，从诸子百家到唐诗宋词，从中华功夫到戏韵悠长，从十二生肖到二十四节气，从百家姓、春节的对联、元宵节的灯笼、端午节的龙舟、中秋节的月饼到中国武术、戏曲脸谱等均有展示，这些均是人文教育的成果，也是学生创新的展示平台，不仅提高学生对传统文化的学习，而且传承、改造、传播、交流、融合、更新和创造文化。

特色社团课程为特长学生的进一步发展提供更多的学习平台，促进特长学生的可持续发展。

（五）思维课程——让成长有宽度

思维课程涵盖了数学思维、科学创造、航模建模、电脑操作、黏土手创和综合实践课程。旨在思维课堂上发挥学生的创造力、想象力与发现问题和解决问题能力，让学生学会合作、表达与反思。

将科学、信息技术、音乐、美术和语文学科知识整合起来形成的具有学校特色的黏土手创课程，以黏土手创为基础，以学科知识再现为内容，以多种形式的展现为手段，将不同学科的知识整合成统一的整体，在问题驱动、任务引领下促进学生思维的发展和动手操作能力的提高，全面培养学生的科学精神、人文情怀和综合素养。

综合实践课程一直以它的生活性、探究性、开放性、实践性而为学生所喜欢。在三至六年级开展每周一节的综合实践课程，让学生充分利用已有的生活经验，有目的、有计划地开展研究性学习，通过亲身体验、合作交流、查找资料、动手实践等自主探究活动，来获取经验、提高技能，从而达到知识应用的目的。每年一次的"悦享跳蚤市场"，就是学生体验的场所、创新的舞台。在"悦享跳蚤市场"中，除了可以出售个人二手物品外，还可以自己加工和开发产品，也可以凭借自己的才能和智慧进行创造。学生们充分发挥自己的特长，准备了丰富多彩又创意十足的商品，如面塑社团用传统的工艺制作精美的胸花，版画社团自刻自印的明星画像，深受同学们的喜欢，还有同学们自己动手制作的食品类（水果拼盘、水果沙拉、寿司、点心）、手工类（书签、折纸、泥塑、发卡）等特色产品，独特的视角和创意令人赞叹。在活动中，同学们充分发挥经济头脑，他们尝试从别的学生手中低价买来商品，再搭配一些小礼品、小饰物，高价进行转售，从中赢取差价。当然在这个过程中，学生要学会记账、管理现金等技能，每次活动都有学生因"粗心大意"而丢钱的"事故"发生，学生们在正面体验和反面教育中，不断提升自身能力。

三、质量监控，保障目标

学校根据课程目标及评价原则，采取多样化、过程化的评价方式，对课程的实施进行过程性的质量监控，适时了解开展情况和实施进度，以便及时调整策略，保证课程建设目标的顺利实施。通过建立学生学习过程档案和收集学生学习成果的方法，以定性为主、量化为辅、自评与他评相结合的多维评价方式，对学生参与综合实践活动过程中的学习态度、合作精神、探究精神与学习能力、收获与反思进行评价。

校本课程的开发与实施，为教师提供了展示和创造的空间，使其智慧能在校本课程建设的过程中得以发挥；更让学生有机会选择自己感兴趣的课程，为其提供了探索与体验、创造与展示的空间，使其获得了丰富的知识，扎实的技能、积极的情感体验和良好的行为习惯、坚强的意志品质，这对学校的发展都将是一笔不可或缺的财富。

第三节 校本课程"悦"化

　　课程是教育的载体。我认为，课程首先应该是一种保护，保护孩子的天性，让孩子们拥有应有的天真与快乐。课程建设不仅仅是知识的传承，更应该是人生价值的引导和思维的启迪，它应该为每一个学生的终生发展奠定基础，使每一个学生具备经营幸福人生以及推动社会进步的憧憬和能力。校本课程是对国家课程的有效补充。校本课程纲要是校本课程开发的最核心产品，是教师教学的指南，是学校开展课程审议与质量管理的重要依据。校本课程教学方案是校本课程有效实施的重要载体。

一、《"豫"见朱仙镇木版年画》课程纲要

【课程名称】"豫"见朱仙镇木版年画

【适用年级】3—6 年级

【总课时】21 课时

（一）课程简介

　　"豫"见朱仙镇木版年画课程是根据小学中、高年级学生的年龄特点进行设计的，前期为传统木版年画学习（临摹、刻画印技法练习），中期为创意版画学习（传统版画人物的再创作），后期为版画绘本学习（根据传统年画故事进行版画绘本创编），社团学生以合作探究的方式进行学习。该课程通过小小的一张年画，融入了绘画、刻印、人文、历史、地理、神话、绘本等多种元素，是综合性较强的版画校本课程。在提高版画专业技法的基础训练上，锻炼学生的动手操作能力、意志力、

93

专注力。通过感受河南的木版年画，了解河南的风土人情和人文地理，让学生完全沉浸在中华优秀传统文化和璀璨历史中，增强了民族自豪感。

（二）背景分析

1. 目的和意义

现在学校开设的美术特色课程以及校外美术兴趣班，大部分以西方绘画为主，媒介也是油画、水彩、丙烯等，含有中国传统特色的绘画也只剩下国画而已。传统艺术作品所表达的审美观和价值观对于学生来说已经变得陌生，甚至是难以接受，这些都是美术教师在教学中所面临的问题。

河南省"八朝古都"开封有着驰名中外的朱仙镇木版年画，它独特的魅力让人神往，2006 年被评为第一批非物质文化遗产。它的起源和发展离不开河南这片肥沃的土壤，开封城的历史变迁，朝代的更迭，印刷术的发展，城市水系交通的变化，都在一张小小的木版年画中尽情体现。

学生通过了解、起稿、刻版、拓印、创新等，来完成木版年画的创作练习。

2. 学情分析

社团成员根据年龄分为中年级段和高年级段。其中四年级人数最多，加入社团时间最长。本年龄段的学生已经接受过两年左右的版画学习，在技巧上也较为熟悉。相对于低年级段，现在他们的年龄对于刻刀的力度掌握会更加自如一些。男生在体力上相对女生而言更具有优势，在版画制作中持久性会更好，在创作大篇幅的版画作品时，整体把控能力更强。女生则更适合比较细腻的版画形式。

3. 资源分析

学校有一支专业素养高的美术教师团队，有两名专业美术老师指导学生进行木版年画的学习。

在教室资源紧缺的情况下，学校极力整合空间，对北楼二楼连廊进行改造装修，为学生提供了别具一格的"悦刻·印象里"版画空间。

学校领导对版画课程的开发和实施大力支持，在经费使用和教师培训方面给予政策倾斜。

（三）课程目标

通过木版年画学习，学生基本能掌握版画技法。

在绘本教学中，学生能根据年画故事进行再次创编，形成具有版画特色的儿童绘本故事。

通过感受朱仙镇木版年画的悠久历史，了解河南的文化背景和风土人情，赓续传承国家非物质文化遗产，增强文化自信。

（四）课程实施

周次 / 课时	主题内容	实 施 要 求
1/1	课程纲要分享 版画材料准备	让学生清楚本学期的学习目标，有目的地进行学习。通过实物展示，教师讲解，方便学生熟悉本学期所用到的工具，并做好准备
2/1	走进朱仙镇木版年画	通过走进开封朱仙镇，了解年画，了解河南的风土人情和人文地理。初步认识朱仙镇木版年画的艺术特点
3—4/2	门神秦叔宝、尉迟敬德的练习	通过学习年画中门神的故事，分析讨论朱仙镇作品的艺术特点
5—6/2	灶神的创作练习（第一课时）	通过学习年画中灶神的故事，分析讨论作品的艺术特点，能够用铅笔起稿的表现手法画出线稿
7—8/2	灶神的创作练习（第二课时）	黑白线稿掌握之后，学习用不同类型的刻刀进行刻板。学习阴刻和阳刻，正确掌握画面黑白灰的处理方法
8—9/2	灶神的创作练习（第三课时）	进行印刷技巧的练习，其中包括打墨、使用木蘑菇、马莲、宣纸的学习，之后进行全班展示
10—11/2	我心中的"守护神"（第一课时）	了解年画作品的背景以及所蕴含的历史神话故事。能够在传统的基础上创新故事内容，小组制定绘本脚本
12—13/2	我心中的"守护神"（第二课时）	小组根据自选的故事脚本对人物、场景等进行线稿的绘制

14—15/2	我心中的"守护神"（第三课时）	能选用合适的版画工具进行创作，最终完成小组内版画绘本的制作，进行作品展评
16—17/2	实地考察开封朱仙镇年画博物馆	了解朱仙镇木版年画的历史。找自己感兴趣的年画，了解它的相关资料，说一说它的艺术特点和所蕴含的故事。自己临摹一张木版年画小样，感受中华优秀传统文化的魅力
18—19/2	访问朱仙镇木版年画传承人——任鹤林老先生	听任鹤林老先生讲述关于朱仙镇木版年画的故事。把自己感兴趣的部分记录下来，提出在学习木版年画中的困惑，并与任老先生进行交流。真切感受木版年画独特魅力和传承人的艰辛
20/1	学生作品的整理与装饰	人物特点突出，构图布局合理，黑白灰画面组织协调，能够指出作品的优缺点，提高学生对艺术的鉴赏能力
21/1	举行年画绘本进班级活动	现场制作年画作品并进行年画故事讲解，把自己的吉祥年画作品和版画绘本送到每一个教室，让全校师生了解河南的传统文化和习俗，让朱仙镇木版年画重新回到学生身边

（五）课程评价

姓名		年级			班级			小组			
维度	教师评价				自我评价				小组评价		家长评价
评价内容	学习态度	合作参与	学习状态	画面效果	创意表现	学习态度	合作参与	学习状态	画面效果	创意表现	合作参与 · 学习态度 · 创意表现 · 画面效果	学习效果 · 行为表现 · 创意表现 · 学以致用
方法	根据表现，在以上各项目中勾选：√											
综合评价	10个"√"以上			6—10个"√"			6—10个"√"			6个"√"以下		
	版画创作优星（　）			版画创作新星（　）			继续努力（　）			快马追随（　）		

1. 评价指标

评价指标由平时学习过程（学习态度、合作参与、学习状态）和学习效果（画面效果、创意表现）两项构成。

2. 评价方式

评价方式包括教师评价、自我评价、小组评价和家长评价等。

（1）教师评价

包括学习态度、合作参与、学习状态、画面效果、创意表现五个方面。

（2）自我评价

包括学习态度、合作参与、学习状态、画面效果、创意表现五个方面。

（3）组长评价

包括合作参与、学习态度、创意表现、画面效果四个方面。

（4）家长评价

包括学习效果、行为表现、创意表现、学以致用四个方面。

二、《门神秦叔宝、尉迟敬德的练习》教学方案

【单元主题】门神秦叔宝、尉迟敬德的练习

【单元课时】2 课时

【教学内容】运用胶版刻印技法进行年画创作

【总课时】21 课时

（一）背景分析

在上一节课中，学生初步认识和欣赏了我国各类木版年画，尤其是对朱仙镇木版年画有了一个全面认识，能够基本掌握并说出木版年画的艺术特点和自身的艺术感受。学生对木版年画都特别感兴趣，非常期待进行木版年画创作。本节课以朱仙镇木版年画传统制作理论为指导，选取其经典白描部分为教学内容。因为本学期的

版画学习是在学生已有的木版年画基础上进行的，所以教学重点放在研究朱仙镇木版年画的内容、人物造型以及画面经典构图上，采用胶版制作的方式创作木版年画作品。

（二）学习目标

了解朱仙镇木版年画的神话故事，感受中华民族民间传说的丰富性和多样性，能说出两种或两种以上的木版年画中的神话故事以及张贴习俗。

了解朱仙镇木版年画制作流程，结合胶版制作完成木版年画制作的改良部分。掌握朱仙镇木版年画的艺术特点，形象地刻画出一幅木版年画作品的白描部分。

民间传说和神话故事都是学生所喜闻乐见的，无形中使学生对我国的历史文化产生了浓厚的兴趣，提高了学生的主动探索的能力和团队协作的能力。

（三）评价设计

注重对学生自主探究过程、小组分工合作、学习积极性和学习习惯的评价。以学生评价手册为基础，及时进行鼓励表扬。并在课下统计书写到各自的学员评价手册中。

采取学生自评、组内互评、组间互评、教师和家长点评相结合的方式进行评价，评价结果填写到学员评价手册上。

（四）学与教活动设计

1. 影片欣赏

活动目的：课件以生动形象、逼真的画面增强了教学的直观性、可视性，激发学生学习兴趣。教师通过对四位门神的讲解和对比，让学生了解门神的发展史和朝代的更替是息息相关的，和中华民族的发展史是分不开的。

播放动画片《小门神》片段。

你认识木版年画里面的人物吗？他们分别叫什么？

播放关于秦叔宝、尉迟敬德的朱仙镇木版年画。

谁能讲讲他们的传奇故事？

2.探秘年画制作

活动目的：带着探索的兴趣去欣赏短片，学生一边直观地了解朱仙镇木版年画的制作过程，一边思考怎样用小学阶段学习的版画技法来创作传统的木版年画，并积极地展开讨论。培养学生自主发现问题、解决问题的能力。通过小组合作，让学生在轻松、愉快的学习氛围里，对在短片中了解到的制作流程进行梳理，为下一步的深入学习做好铺垫。

播放朱仙镇木版年画制作流程视频。

制作木版年画需要几个步骤？

小组讨论：制作一幅朱仙镇木版年画，会遇到什么困难？能用原来学过的版画知识解决问题吗？

3.深入探究年画艺术特点

活动目的：让学生欣赏朱仙镇木版年画，通过教师的点拨及对朱仙镇木版年画与杨柳青木版年画的对比观察、讨论分析，找出两者的区别和朱仙镇木版年画的艺术特点。

课件出示多幅年画：秦叔宝、尉迟敬德、钟馗、三娘教子、刘海戏金蟾等。

思考：欣赏一幅画除了要知道表现的是什么内容，还要知道从哪些方面欣赏。

对比欣赏：课件显示朱仙镇木版年画和杨柳青木版年画的对比图，并引导学生从色彩、线条、造型、构图等方面进行欣赏。

（1）构图

首先引导学生分析讨论朱仙镇木版年画构图的特点。

（2）线条

课件出示：线条对比图，先让学生谈谈自己的看法，然后教师引导学生进行对比分析，之后提供两组描绘线条的美术语言——粗犷简练与精细柔和，让学生分析、判断，并说说选择粗犷简练的理由，教师总结板书线条的特点。

（3）色彩和造型

课件显示：色彩对比图，分小组讨论、分析。一、二小组讨论分析色彩的特点，三、四小组讨论分析造型的特点。讨论后小组汇报、交流看法。教师适时点拨并总结板书色彩、造型的特点。

4. 动手画一画

活动目的：通过实践操作，拉近孩子与作品之间的距离，有助于他们对作品的进一步理解，在潜移默化中受到美的熏陶，从而提高学生审美能力。由于制作步骤复杂，耗时较长，本节课只制作黑白线稿部分。

每个小组分配年画资料袋，根据袋中教师提供的朱仙镇木版年画秦叔宝和尉迟敬德两位人物形象线稿进行黑白线稿创作。让学生亲自动手体验印画的乐趣，感受民间艺人的勤劳、智慧和艺术才能。

5. 还有谁是我们的"守护神"

门神在过年时贴在家中的大门上，保佑家人全年平安，这是老百姓对生活的一种美好期望。除了门神外还有谁每时每刻在保护着我们的安全，守护着我们的家园？

（本案例来自于张祎）

第四章

悦学课堂，快乐成长

谁持彩练当空舞

我们的课堂，是智慧、美德和灵性的结合。我们的课堂，气象万千、底蕴深远、绚丽多姿、生机盎然。因为，我们的教师，思想丰富而智慧；我们的学生，学习快乐而幸福。

第一节 悦课堂形态实践探索

基于"悦文化·悦教育·悦人生"的核心理念，我们以解决课堂教学问题为切入点，以突破传统课堂教学为核心点，以转变师生教、学方式为着力点，从小组建设、悦学路线、评价方式三方面着手，构建了悦课堂形态，让师生在悦课堂中进行悦体验，在悦体验中实现悦成长。

一、内涵解读

我们学校的文化主体是悦文化。悦，首指愉悦，我们的学习是愉悦的，我们的校园生活是愉悦的，学生的童年是快乐的。还指悦纳，师生悦纳自己、悦纳他人、悦纳自然、悦纳社会，这是一个社会人所必备的能力。这就决定了我们的教育从悦出发，通过绿色的途径，达到悦的彼岸，成就师生不断超越自我的人生。教师在悦教育中体现的是教育的价值和人生的价值。而学生经历的是成功地体验、快乐地成长，收获的是学习品质和精神品质的共同提升。悦课堂就是在悦文化引领下的课堂形态，突出一个"悦"字，关键是让学生在课堂中体会和感受学习的快乐，乐于主动学习，乐于发现问题，乐于合作探究，乐于展示质疑，乐于享受课堂。在悦课堂形态践行的初期阶段，要通过"规定动作"，来规范课堂行为，让师生真正理解悦课堂的实质；第二个阶段要凸显各学科特质，逐渐形成有学科特色的课堂生态；第三个阶段要逐渐去模式化，融入学校文化特色和教师风格的悦课堂，最终打造悦课堂绿色生态。

二、理论依据

（一）建构主义理论

建构主义学习理论提倡在教师的指导下，以学习者为中心的学习，既强调学习者的认知主体作用，又不忽视教师的指导作用，教师是意义构建的积极帮助者、促进者，学生是信息加工的主体，是意义的主动建构者。

悦课堂要求教师树立正确的教学观，让课堂真正成为学生自己的空间，让他们在自己的空间里去观察、去发现、去分析、去思考、去动手、去创造，去经历知识的建构，获取情感的体验。

（二）叶圣陶全面教育和生命教育的理论

叶圣陶认为：一堂课的微观设计，要照顾全体学生，特别是发展滞后的学生。学生全面发展是不可分割的整体，教师要关心全体学生，关心学生的全面。

悦课堂正是在这一理论支撑下的绿色生态课堂。课堂上教师努力捕捉学生闪光点，让每一个学生都能体验思考之乐、成功之乐、意志锻炼之乐，切实使悦课堂显示出师生关系和谐之乐、善教之乐和学习之乐。

（三）多元智力理论

1983 年，美国哈佛大学心理系教授加德纳提出了关于智力的新理论——多元智力理论。他倡导学生主动参与、探究发现、交流合作的学习，倡导教师角色、教与学的方式的变革，在教育理论与实践领域产生了极大影响。以多元智力理论为指导的全新的、个性化的教学理念和最优的教与学的方式，为提高悦课堂教学策略的实施提供了良好的思路。

三、课堂流程

（一）悦课堂形态的结构

悦课堂形态结构图谱如下：

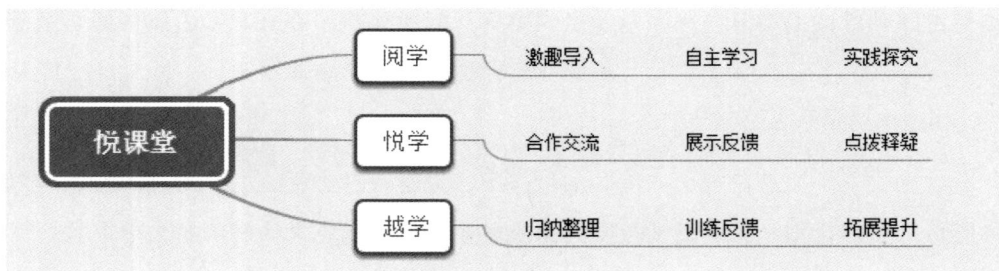

该课堂形态主要包括"阅学·悦学·越学"三个环节和"激趣导入·自主学习·实践探究——合作交流·展示反馈·点拨释疑——归纳整理·训练反馈·拓展提升"九个要素。教师和学生要树立环节和要素意识，并体现在教与学的过程中。这三个环节也可以称为悦课堂的三个操作性行动，其主要任务描述如下：

1. 阅学为先

阅学是学生在课前进行的体验式学习活动。其核心思想是给学生自主体验学习的主动权，保证学生有自主体验学习的时间和空间，其活动形式有阅读文本、查阅资料、自主探索、尝试体验等。通过自我学习尚未解决的问题，经过学习小组合作提炼后提交给教师，这将是教师决定课堂中展示和精讲的重要依据。这一行动可在课前实施或课中实施，旨在让学生自主发现问题，培养自主、合作、探究的学习能力，逐步养成主动预习的好习惯。

2. 悦学为基

悦学是学生在课上进行展示时的提升式学习活动。悦学就是学生把阅学时解决不了的问题通过合学的方式进行研讨，并将阅学的成果用适当的方式进行展示。首先是小组展示：检验阅学效果，组内释疑提炼，形成小组观点，并为全班展示作好准备；然后是全班展示：以小组为单位面向全班展示，展示小组大胆表达、积极阐述，其他小组倾听思考、质疑补充，期待全体成员交流碰撞、悦新纳贤、思维提升。悦学绝不是阅学的简单重复，而是阅学成果的发表、研讨、碰撞、提升。悦学的关键是小组建设，悦学的核心是思维碰撞，悦学的成果是情、智、能的全方位提升。

3. 越学为本

越学是课堂最后的拓展式学习活动。孩子们经历了独立思考、自主体验的阅学，带着问题和思考走进教室；参与了展示交流、碰撞提升的悦学，此时超越过去、超越习惯、超越自我是必然的，这样很自然地进入了越学阶段。在越学阶段，教师要留给学生思考、辩论的空间，包括整理悦学单、当堂检测、评价反馈，并向学生推荐拓展学习的资源，引导学生带着新的问题与期待走出课堂，使孩子们永远保持学习的内驱力。

"阅学·悦学·越学"是悦课堂教学的三个环节。其中阅学是基础，悦学是核心，越学是关键。三者相辅相成、融为一体，这三者不是封闭的，而是互为依托，是三者的对话；这三者也不是静止的，而是动态发展的。

（二）悦课堂的操作要领

悦课堂的操作要领可以概括为"三环节·九要素"。

1. 阅学——激趣导入·自主学习·实践探究

阅学环节的关键是学生要有独立的思考、自主的体验。其中，课题、目标、体验是进行阅学环节的非常有效的三个操作要素，其关键要素是自主学习。课题的操作不只是要教师导出课题的名称而已，而是让学生对本节课的课题产生浓厚的学习兴趣和欲望，从而把注意力自觉地集中在课堂学习的内容上。目标的操作不是要教师把目标出示在黑板、课件或悦学单上就完事大吉，而是要学生明白一节课的学习要达到的具体要求是什么，从而把学习的主动性真正调动起来。对于自主学习，不能简单地理解为就是让学生自己去学，一放了之。没有学习内驱力，没有目标要求，没有方法指点，自主学习必然流于形式，达不到学习的目的。也不能机械、片面地理解为是学生的学，以为只有让学生先看书，或者先做老师布置的问题等就叫做自主学习。自主学习的动力来自学生自身的主动性，自主学习的途径和方法是多种多样的。实际操作中，三个要素要融为一体，整体运作，不要相互割裂。

自主学习要抓好三个学习时段：

一是学生以个体学习为主，初次遇到问题不问人、不讨论，要争取通过独立思考完成学习任务；二是经过努力确有困难的学生，要主动寻求老师和同学的帮助，同时小组其他成员应自觉履行帮扶义务；三是小组讨论交流，学生自主学习时，教师并非无事可做，要进行课堂巡视。

实践探究要抓住三个要点：

一是以教材为主阵地，师生立足教材，与教材对话，领会编者意图，注重基础性、针对性、层次性；二是以生活为主战场，联系生活创设情景，把社会中心的"用"、学科中心的"序"和儿童中心的"趣"结合起来；三是以思维为主干线，课堂不仅是教学生掌握一定的知识，更是发展学生的思维，提升学生核心素养的综合教育功能，在全面了解小组学习情况的基础上，重点搜集各种典型的学习成果和生成的新问题。

课堂巡视要抓住三个要点：

一是面向全体的课堂巡视，重点看学生对学习任务是否明确，发现问题及时予以纠正；二是面向学困生的课堂巡视，要有针对性地进行观察，重点关注学习中遇到困难的学生，并结合备课时做出的预设，对学生给予及时、具体的帮助；三是在全面了解小组学习情况的基础上，重点搜集各种典型的学习成果和生成的新问题。

2. 悦学——合作交流·展示反馈·点拨释疑

悦学这一环节必须围绕具体的学习任务来展开。每一个学习任务的解决，都要抓住任务呈现、师生合学和展示交流三个要素进行操作。任务呈现包括任务的设计和呈现，是驱动师生合学的操作要素。设计什么样的学习任务，并以什么样的方式呈现给学生，直接关系到师生共学的质量高低和整堂课的学习质量。悦学单一定要基于学情进行设计，学生接受的必须是具有可操作性、可监控性和可检测性的学习任务。

展示反馈包括成果展示和交流评价，是学生巩固和提升学习收获的操作要素。展示交流不是学习成果的简单重复与再现，而是对学习体验和感悟的表达与再现，是对自主探究和发现的沟通与交流，是对多种方法和答案的理解与评价。有效的展示交流，要抓住三个要点：一是建立必要的展示平台；二是组织有效的展示活动；三是实施积极的展示评价。

点拨释疑针对学生在展示反馈中没有解决的问题，用集体的智慧挖深挖透知识点，找到解决问题的路径，经过释疑，使知识点得以条理化和系统化。

3. 越学——归纳整理·训练反馈·拓展提升

越学是悦课堂的提升环节。在这个环节中，所有学生都要对检测给予高度重视，通过有效的检测对课堂学习进行评价总结，及时发现不足，总结经验，进一步巩固和提升课堂学习成效。

有效的越学应以科学的检测工具为前提，在内容上对学习目标和任务应有较强的针对性，在呈现上一般以训练题目的形式为主，在时间上有具体的时长要求，在评价上有明确的评价标准。课堂上进行越学，必须抓住检测、反馈、总结三个要素进行操作。检测的操作，必须为学生留有足够的时间，由学生独立完成。反馈的操作，应以小组为单位，在互相批阅和改正错误的基础上，对学生做出恰当的评价。总结的操作，要结合检测的结果，对课堂学习的收获与不足进行实事求是的反思。最后，要向学生推荐拓展学习的资源，引导学生带着新的问题与期待走出课堂。

（三）悦课堂的推进策略

1. 悦课堂的核心组织——悦学小组的有效建设

随着课堂教学改革的不断深化，小组合作学习的有效性直接影响着课堂教学的效果，更关系着悦课堂是否具有新的活力和生命力。因此，悦学小组建设已经成为课堂教学改革的又一个关键点。

（1）形式上，小组围坐

这样方便各项学习活动的开展。在人数较少的情况下，每个小组是4人，人数超过6人的，学习实效性就会大大降低。解决的办法是：将每个大组分为两个小组，一号组长带一个小组，二号组长带一个小组。可视情况再具体分为更小的子小组。这样层级式的学习管理模式更便于教师随时掌握每个学生的学习情况，尤其是不容易参与学习的潜能生。

（2）实行组长统筹制

每个悦学小组组建之前，通过自荐或者别人推荐的方式选拔出来的组长要进行多次培训，组长对自身的职责及组织学习的方式要非常熟悉，这样在小组学习中，组长才能更快地进入角色。在自主探究时，组长在完成自己的学习任务后，可及时协助老师督导组员的完成情况；在合作交流时，各子小组先自行交流，让每个学生都有发言的机会，一号组长再统筹各子小组的交流情况，将大家反馈的疑难问题集中讨论，仍解决不了的再反馈给老师。

（3）分工明确省时间

在合作交流时，教师会把各小组反馈的情况收集整理，然后交叉分配给各小组板书、讲解任务。具体做法是：二号组长带领一名或几名学生板书，一号组长组织剩余组员帮助讲题的同学将讲解任务梳理清楚。执行讲题的同学在讲解过程中，不到位的先由本组补充，还不到位的再由其他组补充，都不到位的由教师补充，这样可以节省不少时间。

在进行有针对性的培训和日常的学习磨合过程中，各悦学小组逐渐从围坐的小组向学习共同体转化，学习的时效性大大增强。

2. 悦课堂的导航仪——悦学单的编制和使用

悦学单是课堂教学的导航仪。悦学单的产生会经历提前备课、集体研讨、轮流主备、再次优化、师生共用几个过程。

（1）集体备课

备课组长提前一周召集全体组员就一周内所要讲的内容进行说课，着重围绕如何确定教学目标和教学内容，选择教学方法，设计教学流程，分析学生情况等方面的内容进行。

（2）轮流主备

在集体研讨的基础上，备课组长将内容进行分工，主备教师提前一周完成悦学单初稿，交给组长审查修改。组长再把修改后的悦学单交给分管领导审定。

（3）课前复备

由于各个班级的学情不同，任课教师要对悦学单再次进行阅读理解和补充完善，实施个性化备课。

（4）课后补备

师生共用悦学单实施课堂教学，课后教师在悦学单的有关栏目或空白处填写课后反思，便于下次集体备课时进行交流。

（5）整理成册

教研组长负责将悦学单整理成册，每学期交教务处一份，以备检查和存档。

悦学单的组成元素：除了学习内容、学习方式、学习目标、学习重难点等常规元素外，重要的是呈现悦课堂形态的三个环节：

①【阅学】课前进行的体验式学习部分；②【悦学】课中进行展示时的提升式学习部分；③【越学】课堂最后的拓展式学习部分。

悦学单的使用流程：教师个人备个案→集体研讨确定"悦学单"→课堂组织实践"悦学单"→课后反思补充"悦学单"。

悦学单的质量保障：集体备课效果如何，直接影响到编制悦学单的质量和课堂教学的效率，集体备课总结起来有以下几个方面：

三定：集体备课做到定时间、定地点、定内容。

五备：①个人初备，形成个案；②集体研讨，形成初案；③完善整理，形成定案；④跟踪听课，形成复案；⑤教后反思，形成补案。

两评：①包组领导对悦学单进行质量评价，把关验收；②学校领导现场跟踪集体备课，对集体备课中教师的表现进行现场评价。

3. 悦课堂的评价探索

教学评价是教学流程操作的导向，悦课堂教学评价的真正目的在于让学生会合作、善质疑、乐思考，激发每一个孩子的潜能，促进每一个孩子的成长，打造团队正能量，促进学生个体、悦学小组及班级团队的整体发展。

悦课堂的评价包括三个层面：一是对学生个体的学习过程进行评价，掌握学生学习情况，在小组内、班级内进行评优活动。充分发挥领头羊的引领作用，带动潜能生的成长。二是对小组合作学习状况进行评价，要将每个小组打造成学习、生活、娱乐等活动团体。由班主任根据本班实际情况建立小组关于参与、展示等活动表现的评价标准，对各小组进行评价，及时表扬和肯定。三是对课堂的整体评价，将师生在课堂上的情绪作为第一考量目标，学生在课堂上的主动性作为第二考量目标，教师全程的调控能力作为第三考量目标。

悦课堂教学评价表

学科：　　　　　执教者：　　　　　评价者：　　　　　评价时间：

评价指标		评价等级			
一级指标	二级指标	优秀	良好	合格	基本合格
教学目标	1. 知识与能力				
	2. 过程与方法				
	3. 情感态度与价值观				
教学内容	1. 依据教材，教学经验、学生实际				
	2. 教师提前预设，促进学生上课生成				
教学过程	1. 导入新课，激发兴趣				
	2. 阅学，发现问题				
	3. 悦学，合作探究				
	4. 越学，内化所学				
教学方法	1. 问题教学法				
	2. 师生共同解决问题教学法				
	3. 其它有效教学法				
教学手段	1. 运用多媒体				
	2. 使用实验器材				
教学效果	1. 学生有知识建构的过程				
	2. 有丰富的情感体验				
总评					

（四）悦课堂的实施目标

悦课堂离不开快乐环境、快乐思考和快乐体验，只有把三者有机结合起来，才能全面践行悦课堂理念。作为教师，一定要充分认识学生成长规律，还给学生属于自己的空间，让他们在自己的空间里去观察、去发现、去分析、去思考、去动手、去创造。我们要努力捕捉学生闪光点，燃起学生求知火焰，让学生体验思考之乐、成功之乐、意志锻炼之乐，切实使悦课堂显示出师生关系和谐之乐、善教之乐和学习之乐，实现"一二三四五"的目标。

一个超越：超越传统课堂教学形态。

二个转变：转变教师教学方式，教师从教知识走向指导学生学会学习；转变学生学习方式，学生由被动学习转向主动学习，由学会到会学，学会自主学习、合作学习、探究学习等学习方式。

三个关系：主体与主导的关系、内容与形式的关系、预设与生成的关系。

四个优化：优化教学目标与任务、优化教学内容与结构、优化教学方法与手段、优化课堂练习与作业。

五个有效：有效导航、有效探究、有效合作、有效点拨、有效提升。

1. 落实课程标准的基本理念

（1）提高学生的问题意识，学会提问是悦课堂的前提

悦课堂理念之一就是教师要启发引导学生能提出自己的问题，课堂围绕学生的问题展开。

（2）强调学生的独立思考，学会思考是悦课堂的基础

悦课堂的理念之二是让学生的智力活动贯穿课堂的始终，学生独立思考并形成自己的初步见解是课堂展开的基础，是小组合作学习的前提。

（3）倡导自主、合作、探究的学习方式，学会合作探究是悦课堂的核心

悦课堂理念之三是通过采用自主、合作、探究的学习方式，课堂上要让学生的智力活动贯穿始终。先是提出自己的问题，再独立思考，然后小组合作、展示交流，

最后完成检测练习。

（4）注重三维目标的落实，收获知识的建构和情感的体验是悦课堂的关键

悦课堂理念之四是让学生在学会知识、获得能力的过程中掌握学习方法，发展个性，培养创新精神和合作能力，逐渐形成积极的人生态度和正确的世界观、价值观。

（5）强化课堂评价的功能，感受学习的成功是悦课堂的归宿

悦课堂理念之五是通过课堂评价的检查、诊断、反馈、激励等功能，不仅关注学生的学习结果，更关注学生在学习过程中的发展和变化。发挥评价的激励作用，保护学生的自尊心和自信心。

2. 实现以学定教

悦课堂与传统课堂相比，最大的变化应该是教师和学生的角色变了：教师由知识的垄断者、传授者变为学生学习的合作者、引导者、参与者、平等中的首席；而学生，由知识的接受者成为了课堂的主人。这种角色的转换，从根本上改变了学生的学习方式，由接受式学习变为自主、合作、探究式学习，变教师的"主宰课堂"为师生的"双向互动"。悦课堂的核心是帮助学生真正学会学习，自主学习，体验性学习，创造性学习，进而享受学习。

（1）课堂层面

开放的悦学单，给学生充分发挥想象的空间，学生自主学习的习惯得以养成，自主学习的能力不断提高。课堂教学的起点和切入点与学生的需求一致，使教学更有了针对性。课堂上，教师不再是按照事先备好的教案照讲、照抄。而是在教师充分备课和做好教学预设的前提下，根据学生的实际问题展开教学。

放手让学生展示探究成果，突出了生生之间的智慧共享，展现了课堂的生机和活力。学生的全面参与改变了传统教学中课堂的刻板、沉闷，学生课堂生命力的绽放反过来增强了学生的自信心，激发了学生持久的学习动力。同时，也引发了教师对自己课堂角色定位的重新思考。

（2）学生层面

教师鼓励学生大胆提出不同的见解，培养学生的想象力和发散思维，遇到问题，不是把现成的答案捧给学生，而是让学生积极主动地寻找解决问题的最佳途径。让学生在探求知识的过程中，增强了学生的创新意识，提高了学生的创新能力。培养了学生独立思考、集体讨论、合作探究的能力。在阅学环节，学生以悦学单为依据，以学习目标、学习重点和难点为主攻方向，主动查阅教材、工具书，做实验，思考问题，解决问题，在尝试中获取知识，发展能力。在悦学环节，采取对学商量、小组讨论、全班辩证等多种学习形式，并充分发挥优秀学生的带头作用，尽可能的相互启发，消除疑惑。在越学环节，学生自己归纳出新旧知识之间的联系，建构知识网络，从而提高学生的学习能力。

（3）教师层面

促使教师转变观念，研究教学。要想真正设计好悦学单，教师要多角度、多侧面地深入挖掘教材，创造性的使用教材。

围绕学生悦学单的反馈，教师能准确地探查学情，便于迅速准确的发现学生中普遍存在的疑点和难点，从而改进自己的教学设计。

提高教师的工作效率。对学生共性的问题，教师可以在学生小组学习中予以点拨，也可以让已经解决问题的小组的学生当老师，面向全班进行展示和讲解，并做到当堂达标，迁移训练。

四、价值创新

悦课堂形态的实施是一项系统工程，把握好方向，找准切入点、核心点和着力点至关重要。

（一）以解决课堂教学各种低效问题为切入点

传统课堂教学存在各种低效问题，梳理出这些问题不难，有针对性地解决这些问题也不难。我们选择以解决课堂教学各种低效问题为起点，不仅找准了悦课堂的切入点，更有助于树立实施悦课堂的信心。

（二）以改变和超越传统课堂形态为核心点

课堂形态是指在教学过程中，各种教学要素组合在一起所呈现出来的外部特征模式、课堂教学的形态和教学流程，是动态的。课堂形态直接关系着教育教学的效益。传统课堂教学形态的典型代表是凯洛夫的五步教学法。由于历史的原因，它深刻地影响着我们的课堂教学。后来，以布鲁纳为代表的发现教学模式才真正兼顾了教与学两个方面，强调教师的主导作用和学生主体性的统一。新课改的两大理论基础：一是布鲁纳的发现学习和建构主义；二是加德纳的多元智力理论。所以新课程改革强调教师主导作用和学生主体性的统一。我们主张在悦课堂建设中以改变和超越传统课堂教学形态为核心点，遵循教师主导和学生主体相统一的思想。悦课堂是一种教学形态，集中表现为教师教得轻松、学生学得愉快。它是一种融学生认知建构与情感激活、教学控制与情境创设为一体的教学形态，它更是一种将教师的主导作用和学生主体作用高度统一的教学形态。

（三）以转变教师教学方式和学生学习方式为着力点

如何充分发挥教师的主体能动性与充分调动学生主体能动性问题，不仅成为现代教学论的核心，而且成为教育本体论的焦点。学生学习方式的转变极具战略意义，它不仅是教师教学行为的落脚点，更是学生思维方式、生活方式甚至生存方式的生成点。学生要主动发展，首先就要主动学习。要学生主动学习就必须改变学生的学习方式，同时要改变教师的教学方式。所以我们选择以转变教师教学方式和学生学习方式为着力点，全力构建悦课堂。

在悦课堂的实施过程中，大家收获的是喜悦，我们看到的是老师们的幸福成长。他们开始有想法、有创意、有理念支撑；他们开始谈特色、有新意、有高度，让人振奋、让人欣喜；他们开始胸中有梦、心中有情、手中有书、眼中有事、工作有心、生活有色；他们在实践探索中更新了观念、激发了热情、提升了境界。教师的专业化发展在悦课堂探索实践中展露出了勃勃生机。

学生在学习过程中，不再是盛纳知识的容器，而是有了学习的主动性和创造性。阅学部分充分重视了学生的自主学习，学生通过阅读文本、查阅资料，有了自己的思考和质疑。悦学部分在自然形成的学习共同体中，能够展示自己的所学和所思，并且在群体的展示汇报过程中，学生间交流碰撞、悦新纳贤。真正实现了学生学习的主体地位，极大地激发了学生的学习兴趣，提升了学生的综合素养。

通过悦课堂的实施，有力地促进了师生的共同成长。我们将继续完善悦课堂形态，使课堂成为落实核心素养的主阵地。

第二节　悦学单

　　新课程的本质就是一种回归：回归学校的本位，让学校成为每一个孩子的幸福乐园；回归课堂的本源，让课堂成为每一个孩子的创造天堂；回归教育的本意，为每一个孩子的终身发展奠定基础；回归学习的本义，从无知走向有知，从肤浅走向智慧。课堂教学是课程实施的主阵地，让学生在悦课堂中进行悦体验，在悦体验中实现悦成长。《悦学单》是悦课堂的导航仪。一单在手，教者心中有数，手中有方；学者学有目标，手中有法。

一、小学四年级数学悦学单

课题	简便运算	课型	自主探究课	课时	一课时	编号	09
学习目标	*	*	*	*	*	*	*

课题	简便运算	课型	自主探究课	课时	一课时	编号	09

学习目标
1. 我会运用乘法结合律、分配律进行简便运算。
2. 在解决问题的过程中懂得一个数连续除以两个数，可以用这个数除以两个除数的积。
3. 会用上述规律进行简便计算，解决实际问题。

学习过程	师生笔记
【阅学】自主学习 1.用字母表示下列运算定律。 乘法结合律：＿＿＿＿＿＿； 乘法分配律：＿＿＿＿＿＿。 2.12×25 写出乘法结合律的形式：＿＿＿＿＿＿。 3.12×25 写出乘法分配律的形式：＿＿＿＿＿＿。 【悦学】交流展示 出示例9：为了丰富同学们的课余生活，王老师买了5副羽毛球拍，花了330元。还买了25筒羽毛球，每筒32元。（"一筒"是12个。）王老师一共买	独学时，我先独立认真做题，然后试着用红笔标出不明白的地方。

了多少个羽毛球？
展一：乘法简便运算
1. 我的列式：_____。
2. 我的计算（运用定律）_____。
3. 还可以怎样运用定律_____。
展二：除法简便运算
每支羽毛球拍多少钱？
1.可以先求什么？_____；
  再求什么？_____。
2. 我是这样列式的：_____。
3.还可以先求什么？_____；
  再求什么？_____。
4. 我还可以这样列式：_____。
5.比较两个算式，有什么关系？_____。
6. 我的发现：_____。
	对学群学时，我先和同桌交流，不明白的地方相互帮助，解决不了的再在小组内解决。

【越学】巩固提升 1. 在括号里填上合适的数或者运算符号。 （40+7）×12=□○□○□○□ 29×56+56×31=（□○□ ）○□ 2. 看谁是巧算小能手。 10—0.1—0.2—0.3—0.4—0.5—0.6—0.7—0.8—0.9 **拓展延伸** 　　数学小百科：英国科学家亨斯顿曾做过一个有趣的实验：他把一只死的蚱蜢切成3块，第二块比第一块大一倍，第三块比第二块大一倍。蚂蚁发现3块食物40分钟后，聚集在每一块上的蚂蚁数量差不多，也是每块比前一块大一倍，蚂蚁的计算本领令人叹服。 **评 价** 自评等级：☆☆☆☆☆ 互评等级：☆☆☆☆☆	整理悦学单 达标检测 认真做，比比谁的收获多。

二、小学四年级英语悦学单

课题	Unit1 What's he like? Read and write.	课型	读写课	编号	05

学习目标	1.在图片的帮助下,我能够快速阅读文章,提取关键信息,初步读懂文章大意。 2.通过跟读录音和自我练读,我能按照意群和正确的语音语调朗读短文。 3.通过看图说话、仿写句子,我会运用 He/She is ...... 描写人物特征。

学习过程	师生笔记
【知识链接】Pre—reading Read and choose.（读一读，选一选） big, strict, tall, strong, quiet, shy, beautiful, hard——working, clever, cute, helpful, fat, polite, thin, friendly, funny, young, old 外貌特征： 内在品质： **【阅学】While—reading** 1.Skimming.（快速阅读，回答问题） ① What's the robot's name? _____ ② Who made it? _____ 2.Detailed reading.（仔细阅读，找准关键信息） ① Circle the key words in the text. ② Tick or cross. **What is Robin like? Read and tick or cross.** 	tall	✕	strong		helpful	
short	✓	old		strict	
thin		hard-working		clever	| ③ Read again and answer. Why do you think Robin is clever?_____ He is strict. Why? _____ 3.Reading the text.（朗读文本） ① Listen and repeat. ② Read by yourself.	我还会补充： 我的阅读技巧是：

【悦学】Post—reading

1. Let's retell.（根据思维导图描述 Robin）

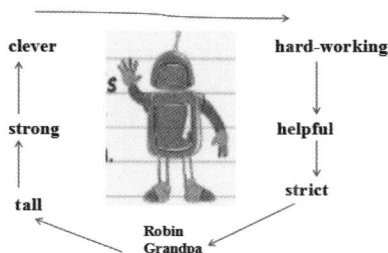

2. Let's say.（从四幅图中任选其一，和你的对子讨论图中的任务）

Kung Fu panda   Dora   Elsa   Bay max

3. Design a robot of your own.（设计自己的机器人，画一画，写一写）

1. _____ is _____.

2. _____ is _____.

3. _____ is _____.

My Name:

写作技巧：描述人物可以从三方面入手，例如：外貌、性格、能力。

【越学】小练笔

This is my _____.His/Her name is _____ .He/She is _____.He/ she has _____
.He/She can _____ .
I like_____ very much.

整理悦学单

评 价

自评等级：☆☆☆☆☆ 互评等级：☆☆☆☆☆

三、小学四年级语文悦学单

课题	27. 乌塔	课型	阅读课文（提升+展示）	课时	一课时	编号	27
学习目标							

学习目标	1.借助工具书会认，并能说出"洗漱、惬意、号码、反驳、逻辑"五个词语的意思。 2.我能联系上下文说出课文中重点句子的意思。 3.我能借助课文的具体语言材料，对比中国教育与国外教育的不同之处。

学习过程	师生笔记
【知识链接】 ### 德国的小学教育 　　德国的初等教育是在小学里完成的，大家都接受同样的教育。一般为4年，生源是6——10岁的儿童。德国法律规定家长必须送子女去小学学习。小学教育一般包括语言、数学、美术、音乐、体育、手工及宗教等课程，小学是公立教育的第一阶段。 　　四年之后，家长将根据学生的兴趣、爱好、能力、特长和成绩择校。是上国民学校、实科学校，还是完全中学。德国人认为儿童修完基础学校后应当进入最适合他们学习能力的学校就读。学习差、动手能力强的贫民子弟多上国民学校。学习中等、爱动手操作的学生上实科学校。学习好，今后想从事科研的人上完全中学，以便将来能直接升入大学。 **预习内容我先知** 【阅学】自主学习 1.用自己喜欢的方式读课文，借助拼音把课文读正确，不理解的词语查阅资料。 2.我能找出易读错的字，并读给对子听。 3.快速浏览课文，标出自然段的序号，给课文划分段落。 4.默读课文，知道课文讲了什么事？ 学法指导：读过课文后，用自己的话来说。抓住重点词语，简洁的概括出来。 **探究内容我最棒** 【悦学】交流展示　　我是快乐阅读家 1.对子交流独学中的第二、四小题。	独学时安静、专心，独立完成。 群学时认真倾听，学会思考。

2. 在课文中用"﹏﹏"画出在初次见面的部分，从这些动作描写中可以体会到什么？

_____

3. 分角色朗读"我"与乌塔对话的部分，说一说两个人的态度有什么不同？为什么？

_____

4. 在乌塔心中，什么才是真正的快乐？谈一谈你对"光从电视和书本中认识世界总不完美"这句话的理解。

5. 你觉得乌塔是一个什么样的孩子？找出具体语句分享。

_____

智勇冲关我必胜

【越学】巩固提升

1. 给加横线的字填上正确的读音。

洗漱（　　）　　惬（　　）意　　号码（　　）

反驳（　　）　　巡逻（　　）　　编辑（　　）

2. 小小法官来判案，对的打"√"，错的打"×"。

（1）《乌塔》一文写的是 14 岁的德国小女孩乌塔独自一人游欧洲的故事。　　　　　　　　　　（　　）

（2）文章是按照时间顺序来写的。　　（　　）

（3）文章运用了对比的手法突出人物的性格特点。一是乌塔和作者对比；二是乌塔和中国孩子对比。　　（　　）

拓展延伸

从文中可以看出，乌塔不仅是一个独立的孩子，还是一个有经验的旅行者，你对乌塔独自游历欧洲有什么看法？写写你的想法吧！

_____

评价

自评等级：☆☆☆☆☆　互评等级：☆☆☆☆☆

整理悦学单

我的收获：
————
————
————
————
————

第三节　悦学小组建设的途径

合作学习是课堂教学运用的基本形式，也是悦课堂最显著的特点之一，更是推行悦学单的关键。合作学习是以小组为基本单位进行教学活动的，因而构建合作学习小组是进行合作学习活动的前提。

悦学小组通常由4—6名学生组成，在构成上要求小组成员的性别、学业成绩、智力水平、个性特征、家庭背景等方面有着合理的差异，使每个小组成为全班的缩影或截面，遵循"组内异质，组间同质"的构建策略。组内异质为互助合作奠定了基础，而组间同质又为在全班各小组间展开公开竞争创造了条件。

如何进行科学、合理的分组，基本保证合作学习小组"组内异质，组间同质"呢？

首先从全班挑选出学习成绩好、组织能力强，在同学中威信较高的学生担任小组长。然后按学业成绩和能力水平进行分组，每组设置组长1人、副组长1人、组员4人，并依次编号。最后由班主任与各科教师统一协调，根据每组成员的性别、性格、成绩、智力等方面的比例结构进行组间平行微调，使同号的组员实力相当，组际之间的综合水平基本平衡。要特别注意为班上的学困生、"调皮王"找到一个理想的位置。

一、育一名得力的组长

组长是老师的小助手和代言人，是一组之魂。实践告诉我们，选一名成绩好、责任心强、有一定组织能力的学生担任小组长，负责全组的组织、分工、协调、合作等工作至关重要。小组长应具备四种能力：组织能力、提问能力、激励能力和分辨能力。教师不仅要善于发现具备这些能力的学生，而且应该着重培养学生这些方面的能力，这是培养学生领导才能的一个起点。教师要定期集中培训小组长，培训时除了了解反馈信息、进行专门指导外，还要倾听他们的意见和想法，让他们畅所欲言，相互交流，相互启发，以利于使他们领导的小组既有一定的共性，又有鲜明的个性。

二、起一个响亮的名字

小组成员集思广益、共同磋商，为小组取一个积极向上、富有新意的、响亮的名字，有利于凝聚人心，形成小组目标和团队精神。事实证明，只要教师相信学生，给学生表现的机会，学生的潜能和智慧就能得到淋漓尽致地发挥。我们来看看学生给自己小组起的名称："我心飞翔""春风化雨""雄鹰展翅"等等，这是何等的信心，何等的意志，何等的气魄！

三、编一个相应的代号

按照一定的标准分好小组之后，有必要按照学生学业成绩和能力水平从高到低进行编号。每个学生都有一个代码，并且每组学业水平处于同一层次的学生代码相同，代码相同的学生任务相同，我们也可以给这一类学生命名，如优等生叫阳光组，学困生叫寻惑组，进步大的叫希望组。这样既便于组长分工，小组内成员按一定的序号发言、交流、讨论，或者按一定的方式合作；又便于教师抽查，指定同一层次的学生代表小组发言，并给予及时评价，使每个人都能承担一定的小组责任，促使小组成员将焦点集中到互教互助上来，减少或避免"搭便车"现象的发生。

四、注重小组评价和奖励

小组评价是对小组合作过程和学生合作表现的监控，是促进合作小组健康发展的重要环节。课堂教学中的小组评价包括个人自评、小组自评和教师评价。平时主要以小组自评为主，个人自评和教师评价可以定期进行。小组自评也称小组自加工、小组反省等，这种自评能够使学习小组成员维持良好的关系，便于合作技能的提高，使组员对自己的参与情况有所了解，保证学生在原认知水平上，能够积极思考，为强化小组成员的积极行为和小组合作的成功提供必要的条件。

合作学习把"不求人人成功，但求人人进步"作为教学追求的一种境界，同时也将之作为学习评价的最终目标和尺度。它将个人之间的竞争变为小组之间的竞争，以小组总体成绩决定奖励或认可的依据。小组的奖励实行"一荣俱荣"的原则，奖励的方式是多种多样的。可以采取口头表扬、鼓掌祝贺、经验介绍、颁发证书、授予荣誉个人和荣誉小组称号等。例如：在悦学小组之间开展流动金星学习小组的竞争活动，以此来激发活力，提高小组内成员的凝聚力，对先进小组和小组长按平日量化考核的结果进行奖励，全班共设 2 个金星学习小组，由班长统计各小组的最后得分，每周班会公布一次，并在周一的班会上举行颁奖仪式。同时采取多种方式鼓励其他小组，除设立金星学习小组之外，还可设立"最团结小组""成员进步最大小组""课堂最佳表现组""黄金搭档组"等。对个人则可采取星级奖励，设立"最佳发言人""卫生星""管理星""体育星""合作星""进步星""特长星"等。通过奖励使学生知道什么行为是有价值的，是得到认可的。激励学生大胆展示，开发潜能，乐意为共同的学习目标而努力，从而培养学生的合作意识，提高合作能力。

第四节 悦课堂的故事

在悦课堂的初步探索阶段，老师们遇到了许多问题。课堂上学生不注意倾听别人的发言，小组内合作学习出现单干现象，对小组评价不公平，由于时间把握不准造成展示的时间不足，在指导小组学习上还欠艺术等等。这些问题在老师们的共同努力下逐一得到解决。

一、营造和谐的课堂氛围

课堂秩序是一个大问题。小组成员发言时，为了维持纪律，有时会拍桌子。小组展示时，课堂秩序较乱，老师不好调控。开始采用扣分的办法还有效，但时间一长，学生对分数也产生麻痹现象。

要解决这一问题，可以尝试以下办法：根据学科特点，在分配学习任务时，要做到活动目标明确，活动步骤清晰，活动方法科学，活动组织有序，尽量给学生充足的时间准备。各小组在执行统一任务时，要体现出本组的创造性和活动特色。在小组交流分享时，同学们可以进行点评，肯定优点，纠正错误，也可以复述发言同学的观点。或者让代表小组发言的同学提问，老师进行总结性的评价，结合教学内容评出最佳合作小组、最佳表现小组、最佳创意小组等。

二、让小组学习发挥实效

首先，从发挥小组长的作用入手。经过调查发现，在小组合作学习时，小组长的作用发挥不到位，原因是组长不清楚自己的职责。这时，老师要及时召开小组长会议，明确小组长的职责。另外，如果总是让固定的学生当小组长，时间一长，他们也会倦怠或有情绪，可以让小组成员轮流做小组长，让每个同学都有锻炼的机会，使每个同学都能树立起责任心。

三、关于"一些学生奖罚都没用"的问题

每个孩子的本性都是善良的，好胜心、自尊心都很强。如果奖罚的办法不奏效，老师就要反思这些奖罚措施是否适合学生？总用同样的办法学生是否会感兴趣？对于激励学生学习来说，奖罚并不是唯一的方法，奖罚的措施只能从外部刺激学生。教师要改进教学方式，创新评价方式，激发学生的学习兴趣，激活学生的学习内驱力。对于"问题"学生，我们还要倾注情感的教育，通过谈心找到问题的症结所在。

在悦课堂的实施过程中，老师们的教学能力得以迅速提升。老师和学生成为真正的朋友，在民主和谐的课堂氛围中达成学习目标，课堂教学达到了"春风化雨，润物无声"的境界。

第五章

悦彩德育，花开有声

帮助孩子扣好人生第一粒扣子

以立德树人为根本任务，以学生悦成长为核心，以养成教育为抓手，构建悦彩德育体系，丰富德育体验，实现知行合一，提升道德素养，帮助学生扣好人生第一粒扣子。

第一节　德润童年 悦享人生

习近平总书记告诫我们[1]："少年儿童是祖国的未来，是中华民族的希望。各方面要共同努力，让社会主义核心价值观的种子在少年儿童心中生根发芽、真正培育出来。"我们紧紧围绕社会主义核心价值观，着力构建"全员育人，全科育人，全程育人，全面育人"的"四全"德育模式，打造"营造悦彩氛围，优化育人环境；开展悦彩活动，增强学生素质；铸就悦彩品牌，提升育人实效"的悦彩德育体系，培养学生良好的文明习惯和道德品质，帮助学生扣好人生第一粒扣子。

一、以校本节日体验活动为载体，丰富德育途径

学校德育以学生悦成长为核心，以校本节日体验活动为载体，着力构建以生为本的"悦体验"活动体系。

校本节日	3 月	文明礼仪节
	4 月	踏青读书节
	5 月	国际文化节
	6 月	童话故事节
	7、8 月	实践体验节
	9 月	尊师感恩节
	10 月	科技体育节
	11 月	家长节
	12 月	传统文化节

3 月——文明礼仪节：开展"悦雅行"主题活动，制作"我的文明礼仪心愿卡"，

---

[1] 习近平. 让社会主义核心价值观种子在少年儿童心中生根发芽 [EB\OL].http://cpc.people.com.cn/
n/2014/0531/c64094-25088937.html，2014-05-31.

开展"我是文明小交警""雷锋精神永相伴""校园文明礼仪之星评选""最美孝心少年评选"等活动，培养文明习惯，树立礼仪标兵。

4月——踏青读书节：先后组织学生到丰乐葵园踏青，参观中牟嘉年华农业公园，了解高新农业种植技术，感受了乡土风情，参与了冰粥、棒棒糖制作，参加拨玉米比赛，体验劳动者的伟大。

开展"悦读书·悦成长"主题系列活动。除了常规的阅读手抄报、创意书签制作、师生读书征文、书香班级读书交流会、课本剧表演、"悦分享·越快乐"图书跳蚤市场外，一、二年级开展"悦绘童年"读写绘活动。孩子们读绘本、讲绘本、画绘本、展绘本，培养了孩子们的悦读力、学习力和创造力。三、四年级举行猜书谜活动，学生在轻松愉快的猜书名游戏中，体验着阅读的快乐。五、六年级举行"我为书狂"演讲比赛、开展读书英雄会，每人推荐一本自己最喜欢的课外书。经过班级初赛——年级复赛——校级决赛三个阶段，特别是校级的决赛，可谓是一场文化的"视听盛宴"，更引发了孩子们对读书的热爱。

5月——国际文化节：一年一度的国际文化节是学校的传统节日，每年以一个国家文化为主题。时值习近平总书记视察经开区三周年和"一带一路"国际高峰论坛召开之际，我们把第七届国际文化节的活动主题定为"一带一路，梦想共筑"，活动口号是"文化如水，带路如舟"，活动理念是"悦纳·理解·多元·开放"，活动亮点是"一班一国家，一班一文化"。在为期一个月的时间里开展了十项系列活动。

活动一：看一部"一带一路"主题纪录片。2017年5月14~15日正是"一带一路"国际合作高峰论坛举行之时，各大媒体、电视频道都在播放"一带一路"主题内容。家长和孩子一起连续观看一部"一带一路"主题纪录片，亲子同观，师生共感。

活动二：进行一次实地考察。组织学生到中大门感受e贸易，到郑州国际陆港体验郑欧班列给郑州带来的变化。

活动三：设置一个"一带一路"沿线国家文化林，展示"一带一路"的战略规划，中国的新丝绸之路的发展，还有沿线国家的风土人情。

活动四：布置一个文化展馆。每个班级任选一个"一带一路"沿线国家文化为主题，布置一个文化展馆。37个班级，变身为37个国家的文化展馆，静态和动态的完美结合，全方位展示了"一带一路"途经的37个国家的政治、经济、文化、旅游、美食等文化，学生在参与中感受了多元文化，开阔了视野，丰厚了思想。

活动五：绘制一幅悦彩手绘墙。师生、家长共同绘制班级文化墙，展示一带一路沿线国家的文化特色。色彩鲜艳的水粉画，展示了中国日新月异的发展成就，描绘出阿拉伯神话故事中的神灯，波兰的舞蹈，埃及的金字塔，还有菲律宾的旅游文化等等。借助这些美丽的图案，孩子们直观地了解了一带一路国家的文化和风土人情。

活动六：开展"一带一路，学校贸易"体验活动。在贸易活动中，摊位上的商品琳琅满目，有印度传统酸奶、阿拉茶、土耳其手工艺品、斯洛伐克建筑模型，还有蒙古的特产、乌克兰的百货。孩子们自己设置摊位、设计宣传海报，卖力地推销自己的商品。家长、老师穿梭其间，一起体验一带一路的贸易活动。

活动七：表演一个情境剧，学校英语梦想剧场组织学生进行经典英语童话剧表演和丝路剧场表演。经过班级初赛和年级复赛两个环节，在年级复赛中胜出者参加学校的汇报演出。

活动八：共唱一首歌，全校共唱一首英文歌曲。

活动九：评选第四届"校园十大英语小明星"。孩子们从朗读、书写，到演讲、讲故事，再到现场才艺秀，充分展示了孩子们的英语风采。

活动十：大型舞台表演。闭幕式上，举行了"一带一路，梦想共筑"舞台表演。丰富的舞台节目更是孩子们"悦·思·彩·翔"的风采展示。《弄堂记忆》展示了孩子们对童年生活的美好回忆，表达了孩子们对中国传统文化的喜爱。《马可波罗游记前传》情景剧的演绎，逗得在场的观众捧腹大笑。《The Lion King》惟妙惟肖的狮王辛巴，体验出生命的真义。曲调欢快的《快乐小兵》舞出孩子们的童年，韵味十足。

在丰富的体验活动中，孩子们真切感受了"一带一路"给郑州、给中国、给世界带来的巨大变化，全面了解了沿线国家的文化，增强了文化认同感和民族自豪感。

7、8月——实践体验节：指导孩子们在暑假期间参加社会实践活动，至少学习一项技能，游览一处风景，进行一次社会小调查，进行一次职业体验……通过丰富多彩的形式，提升孩子们的社会实践能力。暑假开学之初，学校举行了"行万里路，读万卷书，展学校荣"暑假创新实践成果展：悦豆带我游、环保服装秀、器乐表演、英语歌曲演唱、神奇的扣子、英语绘本、戏曲手抄报……全方位地展示了孩子们丰富多彩的暑假生活。

9月——尊师感恩节：相继开展"我是家里小担当""给老师的一封信""我的成长——感恩学校绘本展""家乡的新变化摄影展""我爱你，中国"合唱比赛等系列活动，让学生在回顾自己、家庭、家乡的发展变化中，深切感受来自父母、老师、校园、社会、国家的关爱与呵护。学生采取多种形式表达对生活的热爱，对父母、老师、国家的感恩之情，培养了学生的家国情怀和责任担当意识。

10月——科技体育节：以"悦科技·悦体育"为主题的科技体育节，在为期一个月的活动中共分为七个模块，开展了十项系列活动。活动一：观看科技电影；活动二："绿色科技，健康生活"主题黑板报；活动三：我是未来科学家知识竞赛；活动四：我是小创客演讲比赛；活动五：科技创新制作比赛；活动六：班级体育风采展示；活动七：科技绘画展；活动八：电脑绘画作品赛；活动九：亲子科技趣味比赛；活动十：迷你奥运会暨科技体育节成果博览会。科技体育节圆满结束后，学校在全体学生中进行了问卷调查，我们惊人地发现竟有68%的孩子萌发了长大后想当科学家的愿望。

11月——家长节：开展"悦同行"主题系列活动。一是组织家长论坛；二是举行家长开放日活动，让家长和孩子们一起体验校园生活；三是组织家长古诗词诵读活动；四是开展亲子书信传情活动；五是组织家长义工活动；六是举行优秀家长评选，以此来提高家长的家庭教育能力，提高家校的教育合力。

12月——传统文化节：以"弘扬传统文化，悦享人类文明"为主题的传统文化节，活动口号是"悦享华夏，礼敬中华"，活动理念是"传承·悦享·交流·创新"，活动亮点是"一班一主题，一班一文化"。在为期一个月的时间里开展了九项系列活动。

活动一：开展古诗词朗诵会。

活动二：开展国学吟诵会。以经典浸润童心，美化心灵。

活动三："悦享华夏，礼敬中华"主题海报设计。

活动四：展示一项非遗文化。色彩鲜艳的布老虎，惟妙惟肖的泥泥狗，让孩子们爱不释手，木板年画展台前，孩子们兴趣盎然地学习着年画的制作方法，各种图案的剪纸，炫彩夺目的卞绣，造型各异的香包，让孩子们大饱眼福。

活动五：布置一个文化展馆。每个班级任选一项中国传统文化为主题，布置一个文化展馆。37个班级，变身为37个传统文化的展馆，静态和动态的完美结合，全方位展示了中国传统文化的内涵，孩子们在参与中感受了中华优秀传统文化的魅力，从而培养学生的文化自信。

活动六：开展"悦享华夏，礼敬中华"贸易体验活动。在贸易活动中，摊位上的非遗传统商品琳琅满目，孩子们自己设置摊位、设计宣传海报、推销商品。师生和家长穿梭其间，一起体验非遗传统贸易活动。

活动七：举行"悦享华夏，礼敬中华"节目展示。国学诵读表达了孩子们对中国传统文化的喜爱；悦享梨园社团的孩子们，展示了学习戏曲的收获；《红娘》唱段，孩子们用丰富的表情和到位的动作，将人物红娘刻画得淋漓尽致；《黄梅戏》打猪草的唱段，孩子们以独特的嗓音将经典演绎地淋漓尽致。

活动八：组织"丹青绘诗意""成语消消乐"活动。活动中，孩子们不仅要挑选自己喜欢的诗歌默写出来，还要为诗歌配图，感受"诗中有画""画中有诗"的意境。经过一番努力，一幅幅优美的图画跃然纸上，有的画出骏马奔腾，有的画出慈母缝补，有的画出腊梅绽放……此时，孩子们变身为书画小达人。"成语消消乐"则是通过游戏的方式，孩子们在打乱的文字中找到四字成语，规范书写。拿到题卡的孩子们说道："真好玩，像是闯关游戏！"

活动九：组织一场主题论坛或情境剧展示。以班级为单位，组织主题论坛或情境剧展示。二（2）班的孩子演绎的中国神话；二（3）班的中药馆中孩子们正在讲解中药知识；五（6）班的茶文化展馆，茶香悠远，孩子们为嘉宾煮茶奉茶，不亦乐乎；六（5）班的中国农业展馆，孩子们对中国农业的发展娓娓道来……孩子们自信的表达、快乐的体验、精彩的绽放，正是我们开展此项活动的宗旨。

二、开展实践体验活动，提升学生道德素养

一周一习惯。文明在习惯中养成，品质在细微处彰显。以《中小学生守则》为依托，开展"诚信小故事""我爱祖国""雷锋心，雷锋行"等自制绘本展评活动，围绕"言正言美，行安行端，乐思深思，趣广情美"开展丰富多彩的活动，帮助学生养成良好的行为习惯和文明素养。

一月一主题。结合学校实际和时令节气，开展一月一主题教育活动。如春节的"和谐即幸福"，劳动节的"劳动最美丽"，儿童节的"红领巾，五星红旗的一角"，建党节的"没有共产党就没有新中国"，建军节的"心歌献给最可爱的人"，教师节的"人生路上燃灯人"，国庆节的"我和祖国共成长"等，为学生搭建了涵养文明、体验成功的平台。

一月一实践。教育实践活动是立德树人工作的重要保障。学校每月组织一次实践体验活动：职业体验活动中，组织学生深入商场、银行、企业等机构，亲自体验操作，从小树立职业理想；文化探访活动中，组织学生走进朱仙镇、登封文惠山庄、经开区规划展馆、红色革命教育基地等，学生在实践中体验中华历史源远流长、感受家乡迅猛发展，根植红色基因，培养家国情怀和团队合作精神。

六年四个礼。礼仪教育是文明素养的重要组成部分。学校精心构建"六年四个礼"仪式教育活动，即一年级入学礼、入队礼、四年级十岁礼和六年级毕业礼。孩子们在隆重温馨的仪式教育中，感受到了浓浓的仪式感和归宿感，收获了积极的情感体验，享受了成长的快乐。入学礼上，孩子们在启智、拜师、赠书等环节中，开启求知的大门；入队礼上，小队员们了解少先队知识，体验少先队员的自豪感；十岁礼，学生用自己喜欢的方式欢度成长礼。2019年的十岁礼恰逢中华人民共和国成立70周年，学生用唱红歌、演话剧、舞蹈等方式表达了爱国情怀。毕业礼上，学生回忆童年美好瞬间、感激母校师恩，开启人生新的征程。

三、把疫情当教材，开展爱国主义教育

学校结合疫情防控，加强爱国主义教育。相继开展了"把疫情当教材，与祖国共成长""思英烈，铸国魂""致敬逆行者""为白衣天使点赞，为武汉加油"等

主题活动，厚植爱国基因，激发学生勇于担当的主人翁意识。

教之至善在唤醒。灾难面前，中国共产党"人民生命重于一切"的领导力，万众一心、众志成城的民族凝聚力，白衣执甲、逆行蹈火的忘我力，人民军队召之即来、来之能战、战之必胜的战斗力，在学生幼小的心灵上撒下灿烂的阳光。

四、做好心理疏导，促进学生身心健康

学校配备有专业的心理咨询室，积极开展心理健康教育，充分利用班队会、心理知识讲座、师生谈话等形式，对学生进行心理辅导和心理素质训练。疫情期间，学校积极组织学生聆听线上专家心理讲座，学习制作减压卡，缓解心理压力。复学后，学校对各班级开展心理问卷调查，及时排查学生心理上的种种问题，然后分健康的身体与良好的心态、自立自强意志的心理调整、主动进取的心理素质、学习压力与精神动力等四个专题，由学校的心理辅导教师有针对性地对学生进行心理指导，促进学生身心健康。

五、爱心服务，文明花开

服务社会，帮扶他人，彰显文明之光。我们秉承"奉献、友爱、互助、进步"志愿者服务精神，积极开展志愿服务活动，弘扬雷锋精神。目前学校共有15个教师志愿服务小组，225个学生志愿服务小组。仅教师志愿服务时长已达十三万八千余小时！

我们积极开展"志愿服务月""国际志愿者日"等专项活动；组织"慰问空巢老人""残疾人结对帮扶""贫困家庭帮扶"等常态化志愿服务活动，资助贫困家庭听力障碍儿童周俊龙，为大孟镇邱堂村的贫困村民们送去生活物品，开展"儿童福利院慰问""文明交通我先行""小手拉大手，文明一起走"等社区服务活动；举行"垃圾分类""公筷公约""光盘行动"等文明宣传活动；疫情防控期间，老师们为保障学生正常居家学习，把满载爱心的教材用"特殊"的方式送到学生手里；为保障顺利复学，老师们对校园进行"搬家式"打扫……汗水浸湿的红马甲，磨破的手，累酸的腰，大家在细做实干中，完美诠释了什么是奉献精神。

第二节　做好生涯规划，丰富职业体验

生涯教育，是一种帮助学生正确认识自我并自主规划人生的教育。在小学阶段，学生人生观、世界观正在形成，开展生涯教育有助于他们更好地认识自我、发展兴趣，这对其未来职业发展，乃至整个人生都有不容忽视的意义。

人的兴趣是多变的，不稳定的，要想成功，必须稳定兴趣，形成志趣。如果能坚持下去，便成为志向，实现志向并乐在其中，则成功发展了志业。因此学生的生涯教育应经历四个阶段：寻找兴趣，稳定志趣，确立志向，发展志业。学校以促进师生悦成长为核心，以开展悦体验活动为载体，大力推动生涯教育步伐。

一、催生关注，达成生涯教育理念共识

（一）定位生涯教育目标

开展生涯教育的目的在于推动学生未来的生存和发展，帮助学生更好地认识自我、发展兴趣、规划人生，有效推进素质教育的落实。

（二）营造生涯教育氛围

利用讲座、家访、家长会等形式宣传生涯教育，让家长了解其内涵，获得他们的理解与最大程度的支持。

（三）推动师生内在觉醒

将生涯教育渗透到课程中，每周安排 1～2 课时，培养专业教师担任教学工作，

使生涯教育成为实实在在的教学活动，唤醒师生的认同感，让学生在教师的指导下认知生涯规划、探索生涯规划，做好生涯规划准备。

二、推进阅读，深化生涯教育发展内涵

"一个人的精神发育史实质上就是他的阅读史。"阅读是学生自我成长过程中最重要的良师，也是促其丰富人生经历、思考未来规划和确立生涯目标的重要基础和保障。为此，学校依托"踏青读书节"引导师生多读书，拓展学生健康成长的生命课程资源。

（一）激发阅读热情

学校积极创造阅读条件，开展"基础性阅读""亲子阅读""学生阅读""教师阅读""师生共读"等师生喜闻乐见的活动，唤起他们的阅读期待，在阅读中品味无限的乐趣。尤其要发挥语文教学主阵地的作用，鼓励教师结合文本内容，引导学生进行相关的课外阅读。

（二）做好读书指导

小学生辨别是非的能力有限，为避免阅读的盲目性，根据学生的年龄特点和知识水平推荐一些合适的生涯教育书目，如低年级侧重于选择图文并茂的读物，中高年级侧重于选择各种伟人传记、名家名篇名著，指导阅读方法，要求学生在认真研读的基础上思考体悟，写出读后感。

（三）开展读书交流

定期召开读书会，互相交流读书心得，将书中的内容与自己的生活、思想相对照，在交流研讨中知荣辱、明是非，生成道德感、责任感，从而激发学生成长的力量，促进其人生观、世界观的形成。

（四）建立监控机制

读书贵在坚持。我们充分利用阅读评价的方式，对学生的阅读过程进行全程跟踪。采用读书记录卡等形式，记录学生的阅读足迹，以此评价学生的阅读进程与内

在成长状况，从而促进生涯教育的开展。

三、开展活动，丰富生涯教育实践体验

寓生涯教育于活动之中。我们在设计活动时，力求主题针对性强，内容贴近学生生活，不仅仅拘泥于简单的职业信息，同时采取角色扮演、情境游戏、社会实践等，提高学生的参与度。

（一）自我认识：我的成长梦——明确"我想干什么"

学校开启职业生涯规划启蒙课，教师带领学生认识不同的职业，引导学生从自身实际出发，初步构建职业梦想，明晰努力的方向，为孩子们未来的职业发展，奠定了良好的基础。

（二）职业体验：我的生活观——思考"我能干什么"

生活体验对学生的成长尤为重要。因此，学校开展了丰富多彩的职业体验活动，带领学生走进美食工作坊、法庭、社区等地方，引导学生了解不同的职业，获得真实的生活体验，拓展生存技能。同时，组织学生开展社会调查，近距离感受与自己梦想相关的职业，走访从事这些职业的工作人员，深入了解该职业的工作环境、知识储备及技能需求等，并通过讨论说出对不同职业的认识，从中思考自己的认同度及向往度。

（三）能力导航：我的才艺秀——知晓"我会干什么"

学校开展了丰富多彩的才艺展示活动，其目的是培养兴趣特长，提升学生综合素质，促进学生个性发展。这些才艺可以是动听的歌声，可以是优美的舞蹈，可以是精彩的乐器演奏，也可以是绘声绘色的故事表演……其实，是什么才艺不重要，关键是学生大胆、自信地秀出自我，在活动中体验成功的喜悦，学生的生涯认知和探索能力也会向更高的层次攀升。

四、 整合资源，构建生涯教育网络体系

生涯教育理应是一个完整的教育体系，需要家长、社会的全程参与。

首先，争取家长的理解与支持。父母是孩子最好的老师，孩子今后的职业观很大程度上受父母影响，我们利用家长课堂邀请专家来学校给家长作报告，讲述家庭教育的重要性，指导家长在孩子成长过程中发挥好引领作用。班主任利用班会时间邀请家长讲述自己的职业经验，对学生进行生涯启蒙教育；邀请学校优秀毕业生给学生作报告，讲述自己精彩的生涯经历。

其次，充分利用社会教育资源。让孩子走进社会，在实践中深化认知体验，促进身心健康发展。孩子们走进商场，向售货员学习服务；走上公路，向交通警察学习交通法规；走进后厨，感受师傅的辛劳……

第三节 坚定育心路，培养快乐人

长期以来，我们十分重视学生的身体发展，而忽视学生的心理健康，以致学生心理上没有得到健康的发展。诸如不少学生没有发挥正常的智力，缺少稳定而积极的情绪，没有自我调节和自我解脱的能力，不具备坚强的意志和坚定的信心，没有养成良好的性格和高尚的道德情操，不会处理学习和生活中遇到的难题，缺乏合作精神和对挫折的承受能力，不能建立和谐的人际关系。针对上述不健康的心理现象，我们把心理健康教育作为德育工作的重要内容进行了实践与探索。

一、构建心理健康教育内容体系

学校坚持开设心理健康教育活动课。为突出该课的实效性，我们首先通过问卷调查、与班主任交谈、与学生座谈，让学生提建议等方式，了解学生在学习、生活中的心理困惑，结合他们的实际问题确定活动内容。现在，学校的心理健康教育活动已初步形成体系。

（一）学会适应新环境

现在的学生在家受到父母的百般呵呼。入学后，他们的环境变了，身份变了：在家是"小皇帝""小公主"，现在成了"普通百姓"，有些同学处在压抑、苦闷之中。结合学生的这种心理问题，我们设置了这项内容，帮助他们懂得怎样看待这种环境、身份的变化，怎样适应新的环境。

（二）认识自己，悦纳自己

从发展心理学的角度看，小学生正处于第一自我发现期。结合学生的这一年龄特征，向学生介绍了解自己的方法、了解自己的性格特征，学会塑造良好的性格。让他们发现自己的优势，找出自己的不足，从而积极地塑造自我。

（三）挖掘潜力，学会学习

在调查中我们发现，学生的心理压力及心理问题主要来源于学习的压力。因此，教会学生学习尤其重要。在这一部分内容中，主要介绍科学学习方法的几个环节：习惯养成、记忆技巧、思维方法等。使学生知道怎样科学地安排时间，怎样找到适合于自己的学习方法。

（四）学会调节，控制情绪

主要介绍保持情绪的方法，如何对待挫折，尤其是在学习中如何消除紧张情绪，帮助学生调整学习心态，减轻心理压力，提高学习效率。

（五）学会沟通，善于交往

着重介绍交往的准则、人际沟通的模式与技巧，使他们学会扮演生活中不同的角色，促进学生乐于交往、善于交往。

二、培养学生良好心理品质的方法

心理健康教育课不同于心理学理论课，因为它不仅仅是定义、概念和心理学理论的讲授，心理健康教育课也不同于游戏与活动，因为它不仅仅是只让学生在游戏或活动中进行情绪体验，而没有"知"的指导。培养学生的道德品质需要"晓之以理，动之以情，导之以行"，培养学生的心理品质同样如此。在几年的实践中，我们除了运用传统的讲授法介绍有关的心理学知识外，还创设了各种情境活动，提供给学生许多实践的机会，让他们在情绪体验与具体行动中受到感染和锻炼。具体方法是：

（一）情境体验法

即给学生提供一种情境或氛围，让他们从中有所感受和体验。如在介绍完赞扬别人的技巧后，每位同学发一张用彩笔写好"请你珍存"的卡片，让学生离开座位去寻找对象，互相写赞扬对方的话。然后请部分同学到前面宣读。同学们在宣读的过程中，无形中受到了情景的感染和鼓舞，从情感上得到升华。

（二）角色扮演法

结合活动内容，让学生进行小品表演与即兴表演，使学生体验所扮演角色的情绪，并学会扮演角色的行为技巧。

（三）讨论分析法

根据活动内容，让学生在小组中相互交流个人看法，集思广益，相互学习。

（四）实践锻炼法

结合活动主题，组织各种实践活动，在活动中训练和培养学生优良的心理品质。

（五）自评自述法

让学生对自己的某种心理水平和品质进行叙述和评论。如"自我形象谈"等。

三、探索心理健康教育的途径

（一）面向全体学生的教育途径

1. 开设心理健康教育活动课程，将心理学的基本常识引进课堂

这是学校实施心理健康教育最直接的一种手段，为全体学生都能接受基本心理健康教育提供了保证。

2. 开展多元化的集体活动

学校根据时令开展了生动活泼的集体活动。如：拔河比赛、跳绳比赛、演讲比赛、校本节日等活动，促进了师生间的人际交往，使学生体验到集体生活的乐趣，促进

了学生身心和谐发展。

3. 开办家长学校

向家长介绍心理健康教育的内容与方法，普及小学生心理卫生知识及心理疏导方法，举办有家长参加的以心理健康教育为主题的班队活动，促进家长与学生的心理沟通，定期召开家长心理沟通经验与辅导工作交流会，提高了家长的心理辅导水平。

（二）面向个体学生的教育途径

针对有严重心理问题的学生，采取个别教育，进行适当的心理治疗，防止心理疾病，使学生保持健康的心理。

（三）学科渗透的教育途径

我们十分注重各学科教师自学、研究心理学理论与教学心理，了解并把握学生的认知、情感发展水平，根据自身教学内容的特点，深挖教材中的心理素质教育因素，并采用不同方式，结合自身的学科教学任务来融汇和体现心理素质教育的教学意图。

几年的"心育"路，学校获得了可喜的成果。学生心理素质有了明显提高，学习积极性普遍高涨，良好行为习惯蔚然成风，学校的文明校风获得家长、社会的高度赞扬。

第四节 育德于心，成德于行

德育是学校教育的灵魂。学校的德育工作以爱心为坐标怡养童心，以情感为主线，培植情感，涵养性情，完美人格，逐步形成了"育德入心，成德于行"的德育特色。

一、责任教育增使命

在人的众多项素质中，责任感是极其重要的。著名作家托尔斯泰也曾说过："一个人若是没有热情，他将一事无成，而热情的基点正是责任心。有无责任心，将决定一个人生活、家庭、工作、学习的成功和失败。"为此，我们确定了"人人是主人，个个有责任"的学期训练主题，从对自己负责、对集体负责、对他人负责、对家庭负责、对社会负责等五个方面着手，培养学生的责任心和使命感。

二、礼仪教育正行为

学校德育以"礼仪教育"为先导，坚持多形式、多渠道的正面教育，引导学生学习文明礼仪、学会以礼待人，引导学生人人讲文明、人人懂礼仪。依据《小学生日常行为规范》和学校实际情况，我们制订了《学生一日礼仪常规》《学生必须达到的二十个行为规范》《争当五好小公民标准》等印发到每个班级中，使学生做有标准，行有规范。为进一步提升学生文明行为，大队部向学生提出少先队员进校门"六个一"：一个微笑、一声问候、一句感谢、一身整洁、一片纸屑、一米线。学校以"文明礼仪伴我行"主题教育活动为契机，从日常生活中的细微之处，具体规范学生的行为。学校在校门口设立礼仪岗，全校各班轮流值周，进行礼仪示范，与入校师生、来宾互致问候，让大家一进校园便有一种亲切、温馨之感。在校园内主要位置设立监督岗，志愿者轮流值岗，对个别学生的乱扔、乱丢等不良行为进行监督，制止一些不文明行为的发生。学期末评选"礼仪之星"，而且张榜公布，充分发挥他们的模范带头作用。目前，学生文明行为已蔚然成风。

三、 法制教育明纲纪

为加强未成年人思想道德建设，加强法制宣传教育的有关精神，学校聘请了辖区派出所所长和干警为学校的法制副校长和法制辅导员，组织学生"学好三部法，走好第一步"活动，即学习《新刑法》《预防未成年人犯罪法》《未成年人保护法》，以小竞赛、小表演、小故事等方式在各班进行法制教育。开展 "争做守法小公民"主题班会，以学生关注的社会现象为内容，来引导学生树立正确的法律意识。这些法制教育活动的开展，不仅强化了学生遵纪守法，做合格公民的意识，而且也让学生在潜移默化中把遵纪守法变成自觉的行动。

四、星级管理激上进

学校以"十星"代替传统"三好"，共设十颗基础星：学习星、守纪星、劳动星、礼仪星、互助星、卫生星、爱校星、节约星、孝敬星、读书星，另增设文艺星、运动星、科技星、环保星、创新星等五颗星。富有个性化的评价机制，使每个学生都能看到自己的进步，并从中体验成功的快乐。同时在参与总结评优的过程中，找到自己的学习榜样。在班级"星级管理"实施的同时，学校还开展了"校园十佳少先队员"的评比活动，通过公开评比，给学生树立身边的榜样，更是对学生进行德育的良好时机。

五、 主题教育重体验

学生良好道德品质不是一朝一夕形成的，更不可能只通过一个短时的、一个层面的活动就能达到目的。因此，我们开展了贴近学生生活、分层施教、螺旋上升式的主题教育活动。

　　首先，开展"八个一"主题教育活动，即：读一本革命家的书、写一篇爱家乡的文章、讲一个英雄的故事、画一幅敬老的画、唱一首红色歌曲、办一期纪念先烈的黑板报、开一次热爱学校的主题班会，干一件爱父母的实事。其次，利用节日、纪念日开展多项主题活动，如：在"11.9"期间，邀请消防支队的队长为学生做安全自救知识讲座；寒假前夕，开展"远离伤害，拒燃烟花爆竹"大型签名活动，提高学生的安全意识；"三八"妇女节，通过开展"给妈妈的一封信"活动，孩子们与妈妈真诚交流，增进了解，加深感情；"六一"，举办"展示个性，放飞快乐"文艺汇演，为学生提供了展示才华的平台，培养学生的主人翁意识。举行广播操、跳绳等比赛，增强学生的团队意识和集体荣誉感；到儿童福利院慰问，培养学生的爱心……学生在体验活动中道德品质不断积淀，道德境界不断升华。

第五节 以爱育爱，以情育情

没有爱就没有教育。学校充分发挥骨干教师的引领辐射作用，让每位老师都充满爱的激情，让每个孩子都能在爱的阳光下快乐成长。

一、爱的交流

为了充分了解学生的内心，六（3）班张老师给每个孩子写信。她说，这是写给学生的"情书"。信中，她充满"崇拜"地看待每个孩子的好，让每个孩子找到被关心被关注的自信，引导每个孩子去阅读，去寻找自己的闪光点，释放自己的能量。有的孩子的回信长长的，文采斐然；有的孩子的回信，短短的，寥寥几句。没关系，字多字少，都是张老师眼里的宝贝。

张老师写给刘家麟同学的信

家麟：

你好！

写下你的名字，我的眼前仿佛浮现了你瘦小的身影，羞涩的笑容。原计划过几天再写信，可是又觉得闲下来有点浪费光阴，就慢慢开始写吧。我猜着，收到我的信，你肯定会很高兴。要知道，你是第二个收到我的信的幸运儿，其他同学都还不知道呢，嘘，不要告诉他们啊，免得他们"吃醋"。

我至今还记得，刚教咱们三班时，你给我发的短信。你不知道，这个短信给了我多大的动力，让我很有信心把这个班级带下去。或许这件事情你都忘记了，但是我还清楚地记得。从这件事情上，我也得到了很多的教益：与人为善，会给别人带来幸福。所以，见你的第一面，我知道了你的善良。

在漫长的相处过程中，我更多地了解了你。你喜欢阅读，思维活跃，聪明能干，老师要求做的事情，总会很好地完成。当看着瘦小的你，管理着大个子组员的时候，就觉得好笑。由此，我真诚希望你能多锻炼（虽然我也不喜欢锻炼，但是我喜欢劝别人锻炼，有意思吧），多吃饭，把自己养得壮壮的，这样才会少生病。你看，一个冬天，你接连感冒，每一波的病毒都会找到你。等上了初中，可是不敢这样缺课。所以，为了初中的生活，也要下决心把身体锻炼好。

前几天，你和你妈妈几乎同时生病，我还担心地问你妈妈：都病了，有人照顾你们吗？你妈妈回答说：妈妈生病的时候，刘家麟照顾；刘家麟生病的时候，妈妈照顾。我和你妈妈同时感叹：孩子真的长大了，以前总是吵着骂着的那个小男孩，已经有了自己的担当。那时，你都不知道你妈妈该是多么幸福！当然，如果平时也是这么温馨、和谐，就太好了，是不是？

最让我难以忘记的是你对阅读的喜爱，沈石溪的动物小说都读完了。虽然你的语文成绩暂时还不是最好的，但是我觉到了初中，你的语文肯定会突飞猛进。因为死记硬背的东西越来越少，理解的东西越来越多。我也多么希望，你喜爱阅读能够一直保持下去，哪怕长大成人之后，依然喜爱。

开学之后，你的小学生活只剩下一个学期。这将会是一个很紧张的阶段，甚至会让你提前感受初中生活。希望你能在这个阶段，更加努力和认真，为自己的小学生活画上一个圆满的句号。我知道，你肯定会做得很好的。我期待着你的好消息啊！

顺祝你和家人新春愉快，生活幸福！

你的朋友：张老师

2018 年 2 月 15 日

刘家麟同学给张老师的回信

亲爱的张老师：

　　您好！

　　光阴似箭，日月如梭。我们匆匆地来到这所学校，转眼间又将匆匆地离开了。人生也许注定彷徨吧，可在彷徨间，有幸的遇到了您。

　　古往今来，有太多的遇见。"蒹葭苍苍，白露为霜，所谓伊人，在水一方。"这是撩动心弦的遇见；"这位妹妹我曾见过。"这是宝玉和黛玉之间，初见面时欢喜的遇见；"幸会，今晚你好吗？"这是《罗马假日》里，安妮公主糊里糊涂的遇见。而我遇见了您，也许是扭转了我的命运的遇见……

　　让我们把时间之轮扭转至三年前。那时，我上三年级。你抱着书本、带着眼镜款款而来，腹有诗书气自华说的就是您吧！上课时你出口成章，口吐莲花的为我们讲解课文内容，深深地把我吸引。我想我一定要做个像老师这样的知识渊博的人。

　　你第一次在我们班开展"共读一本书"活动时，我烦透了。心想：又要读书真烦！回到家，我闷闷不乐地啃起了那本书，可是读着读着我被这本书吸引住了，跌宕起伏的故事使我的表情也有了变化：厌烦——吃惊——津津有味——入神。这本书像藤蔓一样把我困在桌椅上，就连我最喜爱的动画片都错过了。慢慢地，我爱上了阅读。为了读书，我放弃了布偶小熊，放弃了玩具拼装，放弃了我的动画片，甚至放弃了我的电脑时间。我恨不得把吃饭睡觉的时间也用来读书……

　　再让我们把时间之轮扭转到现在。因为阅读，我文采飞扬，同学们也觉察到了我的变化。现在我的书架上有各种各样的书，书就是我屋子里最好的饰品！因为书籍，我的写作能力大大提高，与人交流也不再粗鲁。我的变化，都是老师一点一滴对我的影响。因为我有个爱阅读的老师！

　　我知道，以后我还会遇见很多老师，但张老师，您永远会是我心里最重要的一位！

敬祝：身体健康，永远漂亮！

刘家麟

2018 年 2 月 25 日

日子一天一天地过，张老师陪着孩子们一天天长大。快毕业了，孩子们送给张老师一张张"最美教师""我最爱的张老师""我最难忘的张老师""我遇见的最好的老师"的奖状，这些奖状由孩子们自己设计，并配有精美的图画和颁奖词。"作为一名老师，我知足了。"手捧学生颁发的奖状，张老师带着幸福醉心的笑容。作为老师，能得到学生们这样的评价、这样的爱，真的好幸福。

二、爱的关注

不放弃任何一个孩子。新学期，岳老师接了一个新班，学校老师提起来都是头疼不已。班里有一个孩子叫张思强，特别调皮，其他老师都上不成课，岳老师就放大思强的优点，不谈缺点，让班里的孩子和他做朋友，课余时间经常约他到办公室，和他谈心，慢慢地他变了，能和其他同学融在一起了。多数老师排练节目，都是选有某方面特长、表现突出的孩子。岳老师却从来不这样，凡是有上台表演、公开课等机会，她从来不去掉任何一个学生，她要让每个孩子都能体验成功的快乐。为了让每个同学都上节目，她比别人多付出了很多。有的孩子不想参加，有的孩子不擅长表演，有的孩子坚持不下来，还有的孩子嫌别人朗诵的不好，不想让别人参加……孩子们的小心思那么多，她一个个解决，一个个谈心、鼓励、劝说、安慰。《少年中国说》的朗诵，让所有观众热血沸腾；《中华少年》的朗诵，感染了所有人。而这些在全校师生面前登上舞台的学生，原本都是不那么擅长朗诵，他们很多都是头一次参加表演。

节目上如此，学科学习上更是如此。岳老师坚信，每个孩子都有进步的空间，每个孩子都会变得更好。她也更加笃信那句一直以来放在心里的话：不放弃任何一个孩子！

三、爱的行动

细处关爱，亲近学生。班级管理中，耿老师努力做到于细微处见真情，真诚地关心孩子，热心地帮助孩子。她常想，班主任要带好一班孩子，首先要当个好"妈妈"，要像他们的妈妈一样爱他们，要拿出自己的爱心去"哄"他们，"骗"他们。

她们班有一个孩子叫肖甜甜，她的父母闹离婚，还经常在外地，一直跟着爷爷奶奶生活在郑州。刚接班时，感觉甜甜特别内向、自卑，不愿意和大家交流，成绩在班里属于后等生。在以后的学习中，耿老师经常找她聊天，送她书籍，有好吃的会把她叫到办公室品尝。在一次的班干部评选中，任命她为组长，从这以后，甜甜的学习成绩慢慢提上来，从后等生变成了班里的尖子生，她的家长非常感谢耿老师。

四、爱的表扬

及时表扬，延迟批评。教过小学的老师都知道：孩子小，事儿多，一上课就"告状"。当老师的又不能不公平处理，这样耽误的时间太多，而且学生因为受了批评，注意力长时间集中在自己的过失上，情绪受影响，低落的情绪体验使智力活动水平明显下降，课堂效率变低。

针对这一情况，邓老师这样处理：一是要求学生下课"告状"，课上带着好的情绪学习。这样，课前的小矛盾、小问题没有谁会记到 40 分钟以后，"告状"的几率就低了，课堂的效率提高了。二是延迟批评，既培养学生愉快的情绪体验，又给予其改正和反思的机会。她把批评留在每一天快要放学的时候，这时学生往往已经在负疚的情绪中反思了自己的行为，老师只要加以指导，就能很好的解决问题。

说到表扬，那就要及时、准确。如果看到哪个同学主动做好事，邓老师就会表扬："瞧，某某同学看到地上有纸片，随手就捡起来了，大家都要学习他呀！"这样表扬后，班里课间擦黑板、倒垃圾等活大家都抢着干，谁也不袖手旁观，都积极主动地参与管理和为班级服务。班里越来越整洁，孩子们也越来越懂事理。

五、爱的活动

精心设计、组织有效的集体活动。促进师生之间、同学之间的理解，增强学生对班级的归属感。通过集体活动，让孩子们得到更多的锻炼机会，让班集体的凝聚力在活动中增强，班级精神在活动中深化。充分利用节日活动，加强情感渗透。母亲节，让学生给妈妈画一幅画；父亲节，给爸爸捶捶背；重阳节来临之际，在班级倡导要关爱老人，请每位学生给家中老人端一杯水、盛一碗饭，在家拖一次地、洗一次碗等等，在实践活动中体会父母的养育之恩，把尊老爱亲的种子培植在学生幼小的心田。

六、爱的日志

为了记录情感班集体的成长过程，李老师开始了第一本《班级日志》。构思班级日志时想了好多点子，考虑到又要体现班级特色，还要适合本年级孩子们的特点。最后决定用"七色彩虹"作为班级日志的名称，里面的纸张采用了彩色纸张，每一周的学校生活用一种颜色来代替。李老师把《班级日志》拿给同学们看，他们很喜欢！就这样它的存在给班集体带来了很多新变化。

七、爱的倾听

倾听学生内心情感倾诉。一个班集体是由每一个学生组成的，班主任老师的工作对象也是每一个学生。班主任只有全面了解每一个学生的兴趣爱好、情感动态，才能开展好班级工作，充分调动每一个学生的积极性。李老师班的伊一同学，性格内向，遇事怯场，羞于表达，在班里很少和同学玩耍交流，经过一段时间的观察，李老师发现她的嗓音特别好听。因此，李老师极力推荐伊一参加全国语文朗读大赛，并获得了全国三等奖的好成绩。在竞选班干部时，同学们纷纷推选她担任每天晨读的领读员。她也因为获奖而信心大增，欣然地接受了这个任务。经过一学期的锻炼，她变得更开朗了，更大胆了，更活泼了。

八、爱的课堂

学校有这样一位教师，颀长的身材，清瘦却神采奕奕，谈吐幽默，出口成章。常见她抱着语文书或学生的作品，在校园里行走如风。常有学生一脸崇拜地问她问题，多难的问题，她都能于寥寥数语中抽丝剥茧，切中要害，她就是学校的语文学科组长——张老师。

不看重一时的成绩，不计较个人的得失。立足高远，为学生的长远打算，埋头付出，不断丰盈自身的素养。她看重的，是为学生的人生打下厚厚的基石，是丰厚学生的思想、提升学生的素养、滋润学生的生命。她教的是语文，关心的却是学生一生的发展。

她的语文课，没有精美的课件，没有花哨的道具，一本书，一张嘴，上下五千年尽现眼前。她的语文课，不如称之为阅读课更合适。《苏菲的世界》《假如给我三天光明》《红岩》《草房子》……她带着学生从一本本书籍上走过，从一个个作家的身边经过，和学生一起品读一篇篇锦绣文章，领略漫漫书海的无边风景，汲取书籍、文字的无限营养。

她的阅读课，不是布置给学生回家读几页就行，她和学生一起读，一起分享读后感受，一起走进书中人物。感受人物的喜怒哀乐，倾听人物的心声，也学习描写人物的方法。她把自己的话印在纸上，发给每个孩子："亲爱的同学们，当你拿到这张阅读单的时候，我们阅读《草房子》的活动已经开始了……"

她在纸上和学生聊天，引导学生深入地阅读，和学生交流读书的感受，为书籍画封面、为书中人物写小传，都是她设计的阅读单里的内容。学生写完后，她又一次次地翻看、批改，和学生交流，作出具体地指导。读一本书，就要读透，不仅学习书中的好词佳句、写作手法，更要走进书中的人物，感受人物的形象，了解作者的生平。在她的引导下，不爱读书的孩子爱上了阅读，不爱写作的孩子开始了写日记。

为了引导学生学习古诗词，张老师让孩子们为诗词配图，选哪首诗词？自己喜欢的就行。配什么图画？自己想象着诗词的意境来画。就这样，一幅幅绝妙的诗词配图诞生了，孩子们搜集了诗词，理解了诗词，分享了诗词，也赋予了诗词新的美。张老师将孩子们的诗配图按一年四季分类，起的名字也都缱绻动人：从春天开始，夏日芳好，秋高气爽，暗香浮动。每次翻阅这一幅幅诗配图，总是爱不释手。

九、爱的班会

在学生的学习生活中，班队活动课对他们的成长有着直接的影响。何老师的《学会感恩，学会做人》主题班会，先让孩子朗诵名句"谁言寸草心，报德三春辉""感激一切使你成长的人"，接着开展小组讨论"怎样用实际行动报答父母"，小记者采访"谁知道父母的生日，以及是否给父母买过生日礼物"，最后写感恩卡"把最想对父母说的一句话写在卡片上"等形式多样的活动，使学生受到潜移默化的思想感染，并懂得"受人滴水之恩，当以涌泉相报""常怀感恩之心才能快乐"的道理，以宽大的胸怀对待身边每一个人、每一件事。

十、爱的引领

林老师担任班主任工作近十年。她认为，班主任是一个复合性角色，当孩子们需要关心爱护时，班主任应该是一位慈母，给予他们细心的体贴和温暖，她总是自称是孩子们的"干娘"；当孩子们有了缺点，班主任应该是一位严师，严肃地指出他的不足，并帮助他限期改正。班主任工作是一项既艰巨而又辛苦的工作。说其艰巨，是指学生的成长，以至能否成为合格人才，班主任起着关键性的作用，说其辛苦，是指每天除了对学生的学习负责以外，还要关心他们的身体、纪律、卫生、安全以及心理健康等情况。尽管这样，林老师也乐意在这块贫瘠的土地上默默无闻地耕耘。

班主任的一言一行、一举一动都是全班几十个孩子的榜样。林老师时刻注意自身形象，事事从自身做起，率先垂范，潜移默化地影响着学生。凡要求学生做到的，教师首先自己做到，而且做得更好。在她的带领下，班里的学生个个阳光向上，乐于助人，善于学习，勤于实践。

十一、爱的宽容

王老师带毕业班的数学课。一天，她进行《学习与巩固》中的单元检测，有一部分学生很快就做完了，她就要求最后三组的学生交单元检测，并且让组长帮忙打开单元检测。突然从一本书里面掉出来一张纸条。王老师拣了起来，上面写着："XXX：51392010 我一生就爱你一个！"王老师一下子蒙了，短暂的思考后，打算课后再处理这件事情，没想到几个调皮的学生看见了。

学生问："老师，上面写了什么呀？"这时，其他同学都把目光投向了王老师，"老师，上面写了什么呀？"

"没什么。"王老师说。

"我知道，是要传递的情书"一个调皮的男生脱口而出。"老师，念念看。"其他学生也跟着起哄。

"好，那我就念给你们听。"王老师把纸条慢慢地展开，一本正经地念道："天才是百分之九十九的汗水加百分之一的灵感。"随后，王老师就把纸条折了起来，放入口袋里。旁边一个男生问："老师，就这个？""当然了。"王老师郑重地告诉他，"学习不就是这样吗。"这时，王老师朝写纸条的同学那里看了看，发现她的脸已经红到了脖子。王老师又接着说："继续认真做题。"

第二天中午，这位同学来到王老师的办公室，低着头不敢说话。王老师说："在你们这个年龄，男女同学之间相互有好感，非常正常。但是你们毕竟还是孩子，现在的任务是好好学习，健康成长。昨天的事情，老师不告诉你的家长，也不告诉其他教师，但是希望你能够专心学习，你今后的路还很长，你知道吗？"她点了点头，眼里噙着泪花。后来，那位女同学学习非常用功，毕业考试时，数学成绩位居班级前 3 名。

第六章

悦研共享，催生智慧

以教师发展促进学生发展，以学生发展促进学校发展。愿景引领，文化熏陶，策略激励，专业促进，共享共建的悦教师队伍建设，实现了由以知识传授为中心的技术型团队向以生命发展为中心的智慧型团队的过渡。

第一节 共享共研，打造和谐共进的有效教研组

学校教研组建设是提升教师专业素养、提高教学质量的关键途径。在现行教研活动中，学校教研组间在专业素养、研究氛围、教研质量上存在很大差异，忙于应付多，深入研讨少。究其原因是学校缺少可持续发展的内部管理及评价机制。如何建立相应的学校管理机制，建构基于教学问题解决和提升教师专业素养为目标的有效教研组？

作为一所年轻学校，我们认真分析学校现状，将有效教研组建设作为教师团队建设的重要抓手，通过研讨式培训、捆绑式评价、共享式发展、群体化亮相、课题化推进等措施，充分发挥教研组的研究功能和指导功能，有力地促进了教师的专业化成长，打造了一支和谐共进的教师团队。

一、 研讨式培训，加强对教研组日常工作的有效管理

首先，学校通过"两会"加大教研组长培训与考评力度。每月初，学校召开教研组长例会，对教研组长进行业务培训和组织管理能力指导。每月末，学校组织开展教研组月考评会。考评会上，教研组长对当月工作进行梳理总结，填写教研组工作月报表。学校通过月末的教研组考评会对各教研组进行评价，并在此基础上开展教研经验交流。教研组长总结本组教研课题开展情况，交流经验，反思得失，呈报疑问，集体探讨解决方案，实现组间的资源共享，促进同伴互助、专业成长。

其次，学校通过每周的"教研日"，加强教研组的有效研讨与展示交流。每周一次的教研组研讨日活动，由教研组长主持，学校分管领导、全体教研组成员共同

参与。一是进行教学理论学习。教研组事先将学习资料下发到每位教师手中，并提出若干值得思考的问题，然后集体学习、讨论。二是进行教学实践交流。如交流"一字一析""一题一解""一课一得"等，从评说、评写、评做等方面入手，特别重视实操和展示环节。三是开展小课题研究。教研组立足课题的操作方法、心得体会和意见建议等，进行有针对性的专题研讨，同时根据教研组中存在的主要问题进行反思与改进，并提炼出下周的研究主题。

二、捆绑式评价，实现对教研组活动有效性的督查评价

加强教研活动有效性督查评价，是提高教师教研意识、规范教师教研行为、建设有效教研组的有力保障。为了更好地激发教师参与教研活动的积极性和主动性，凝聚教研组教师开展合作学习、行动研究的力量，学校重视评价制度、奖励措施的及时跟进，对教研组进行月考核和期考核，每月评选出优秀教研组，并将评选结果作为教研组全体教师绩效考核的一项依据，即进行捆绑式评价。

为此，学校制定了《教研组长职责》《有效教研组建设评优标准》《优秀教研组评比细则》《校本研修先进个人评选条件》，设计了《教研组长月报表》《教研组长月工作小结汇总表》《教研组长自评表》《教师自评表》等，及时对各教研组开展的教研活动进行评价，每月评出 2 个优秀教研组，5 名优秀个人。

有效教研组建设评优标准

一级指标		二级指标	等级
领导及组织建设	1	有分管领导，教研组建设的规划和措施科学合理	
	2	能深入教研组了解教育教学和学生发展等情况，并协调与管理教研组活动的开展	
师德及组风建设	1	能及时提升教研组教师的师德修养，开展教书育人研讨专题活动	
	2	尊重学生人格，关注学生健康成长和教师育人能力的发展	

教研组 常规工作	1	有学期课题研究计划和小结，每学期有工作中心和重点	
	2	重视教研组常规教研活动落实建设（有时间、专题、方案、记录等）	
课堂教学 实践研究	1	及时了解本年级学生学业负担，做好平衡协调工作	
	2	根据年级特点和学科特点，有针对性地开展构建有效课堂教学研究	
教育管理 研究	1	建立青年教师的带教制度和学习研修制度	
	2	教师能自觉制定个人成长规划和年度工作目标，重视研究育人工作	
教研组 研修业绩	1	教研组教师积极撰写教育论文、个案，在校内交流或在刊物上发表或获奖	
	2	在班主任和任课教师指导下，学生获得的各级各类奖项	
	3	教研组教师在育人方面所取得的各级各类奖项	
总评			

三、共享式发展，打造教研组教师成长共同体

在建设有效教研组的过程中，我们强调组内教师要实现三个共享，即智慧共享、资源共享、经验共享，同时注重对教研组内优秀教师的经验进行提炼推广。为此，我们改进了备课形式，重点抓集体备课质量，构筑学科教与学的备课平台，做到教研组内三个共享，形成优秀的"教学共同体"。学校每周安排主题研讨课，推选一位教师面向全校作公开课，在作课教师背后是一个以教研组长为首的智囊团，而公开课中从教学设计到课件制作，从课堂组织到提问技巧，大至课型模式，小至表扬学生时的眼神，都是全组教师集体智慧的结晶。教师们的集体荣誉感很强，因为他们知道这节展示课，不仅代表个人水平，更代表整个教研组的水平。

教研组其他工作，如家长会、运动会、班级管理、读书会等，也要做到三个共享。我们的目标是"求大同，存小异，整体均衡，快乐成功"，对于学校开展的各项工作，教研组长都会带领全组教师集体研讨、协同完成。我们倡导大家建设"分享型教研组"，做"分享型同事"，学校形成了良好的学习研讨氛围。大家心往一处想，

劲往一处使，集思广益，共建共享，有力地促进了教研组内教师成长共同体的形成，保证了教学质量的全面提升。

四、群体化展示，增强教研组共研共学的凝聚力

学校通过定期开展以教研组为单位的主题展示交流活动，加强各教研组之间的交流学习；每一次的分享交流不只是打造教研组团队的过程，无形中也在各教研组之间形成"研、比、学、赶、超"的氛围，促进了学校教师队伍的整体发展。

比如：每学期初学校会举行学生假期特色作业交流活动，在教研组长的认真组织下，各教研组内的教师群策群力，制定详细的展评方案，分别展示学生的手工小制作、书法作品、假期社会实践成果、假期阅读交流等创新性实践成果……在这个过程中，不仅加强了组际间的交流，而且增强了教研组内教师的凝聚力。

再如：学校每周开展一次"十分分享"学习活动，即每周一的教师例会前十分钟，各教研组轮流进行分享交流，包括轻松一刻、推荐交流、经验分享三个部分，为教师们搭建了组际间互相学习的平台。各教研组对"十分分享"活动都非常重视，在组长的带领下，教师们分工合作，有的多方渠道查阅资料，有的撰写组内团结合作、共建共享的经验总结……在面向全校展示前，他们还要进行彩排，因为每一个教研组都想展示出自己最精彩的一面。例如：三年级语文组通过自编的舞台剧表演来展示教研组内的教研教学生活；艺术组的教师更是各显其能，在韩莹、博雅两位老师悠扬的钢琴合奏中，邱歌老师翩翩起舞，胡银涛老师的书法作品、王婉老师的国画作品一气呵成，这一切不仅展示了他们扎实的基本功，更展示了教研组内教师团结合作、积极向上的精神状态。

五、课题化推进，形成研究型教研组文化

学校积极开展小课题研究，立足校本，解决本校教师教学中遇到的问题，在课题研究中推进教研组整体研究能力的提升。我们深入课堂、走近教师，设计调查问卷，充分分析教学现状，认真剖析存在的问题，并组织以教研组为单位的集体讨论，深入探讨学校各年级、各学科存在的教学问题。

结合学校主课题"乐学课堂教学形态的实践研究"，各教研组结合本学科、本学段、本年级的教师和学生情况自定子课题，开展教学研究。例如：一年级语文组的课题是"快乐学拼音教学形态的实践研究"，五年级语文组的课题是"快乐阅读整本书有效途径的实践探索"等。教科室及时引导教研组长带领教师围绕课题学习理论、剖析现状，按照"教学问题——教学设计——教学行动——教学总结和反思"的研究程序开展实践研究。

课堂是小课题研究的主阵地，只有聚焦课堂才能让课题研究充满生机。我们积极开展"乐学课堂"教学研讨系列活动，包括"乐启课堂"课纲分享课、"乐展课堂"新教师风采展示课、"乐引课堂"首席教师引领课、"乐享课堂"骨干教师示范课、"乐研课堂"教研组研讨课及校级展示课等活动。在"乐研课堂"教研组研讨课及校级展示活动中，除了低年级语文教研组和数学教研组开展同课异构活动，其他教研组则举行教学策略研究课，围绕如何凸显、实现某一教学策略设计一节课。例如：每位教师上完课后要围绕"我如何实施这种策略"进行评课，后续教师在前面教师上课评课的基础上修改自己的教学设计，最后推荐一位教师代表本组进行校级展示。展示课结束后，教研组长要详细阐述研究过程及展示课所呈现的教学理念和方法策略，授课教师要进行教学反思，最后由同学科教师进行评析，从而让每一位参与的教师都能有真实而实在的收获。

有效教研组建设的探索，激发了学校教育的活力，促进了教师专业的快速成长。仅一年内，学校就获批 2 项省级课题、6 项市级课题，28 人次获得省、市级科研成果奖，多人次在各类教学大赛中获得奖项。

第二节 引领专业发展，打造悦师团队

教师是彰显学校价值、实施学校教育的重要实践主体，打造一支人格修养高、专业修为强的优秀教师团队，对学校悦教育的实施至关重要。

一、科学规划，理清悦师团队发展思路

学校成立了以校长为组长，部门领导和教研组长为主要成员的悦师团队建设领导小组，部门协同，齐抓共管，确保教师队伍建设的实效性。

（一）建设教师培训课程体系

教师课程以培养"幸福教师"为目标导向，分为三个课程门类，即教师素养类、专业能力类、职业精神类。教师素养类课程包括先进的教育理念、教育学心理学基本常识、阅读工程、形象礼仪、健康与养生、生活品质等内容；专业能力类课程包括班级管理、课程开发、教学设计、课堂教学、学科整合、课题研究专业技能以及与学科教学相关的阅读、解题能力、自制课件、国画、武术、钢琴弹奏等专业基本功训练；职业精神类课程包括理想信念、职业道德、职业幸福等。

（二）探索队伍建设模式

主要通过线上与线下、全员与个体、通识与专项等不同形式，多角度开展丰富多彩的教师培训，形成以下三种模式。

项目驱动：借助现代学校文化建设、课程改革和教学方式变革研究等学校重点工作，引导教师通过参与、体验、互动、交流等形式，在具体情境中主动学习、主

动尝试、自觉提高教育改革的适应能力。

分类培养：加强班主任队伍、骨干教师队伍、青年教师队伍的建设，逐步形成特色教师团队，从而提升全体教师的综合素质。

专业培训：借助高校、科研院所等社会资源，开展多维度、深层次培训。有计划地组织教师参加培训，培训涵盖全员与个体、德育与教学、常规与创新、国内与国际等各个维度。每年选派 50% 的教师外出学习，并且做到一人培训，全组（校）分享，更新教师的教育理念，完善教师的知识体系。

二、强化措施，提升悦师团队的综合素养

基本思路形成之后，我们将教师队伍建设作为重点工作纳入学校发展规划以及各年度工作计划之中加以落实，并通过精神引领、专业提升和家园营造等途径，增强队伍的凝聚力和战斗力。

（一）让教师体会追求之乐

教育是需要理想信念的事业，习近平总书记提出的"四有"好老师也把理想信念放在首位。那么，如何才能帮助教师树立正确的理想信念呢？我们主要通过"描绘愿景、参与设计、树立典型"三项举措来达成。

1. 描绘美好愿景

针对教师的职业发展现状，从年龄、学历、性别、职称、专业水平等十个维度，对在职教师分学科、分人群（首席教师、骨干教师、普通教师）进行了全员摸底调查，引导教师进行自我诊断与评估，制定教师个人三年发展规划，其目的就是引导教师了解自身特点，找准发展方向，明确成长路径。努力将学校打造成一所愉悦型、开放性和国际化的品牌学校，促进学校特色发展。

2. 参与文化设计

在学校文化建设过程中，我们号召师生全员参与。全体教师集思广益，凝练了"人尽其才，和悦共生"的学校精神。在学校每年一届的国际文化节中，大家一起研讨方案、设计外墙文化、进行场馆布置，撰写、交流"我的教育故事"，设计"每

日一荐"，书写"悦心悦语"，丰富多彩的文化活动帮助教师实现了自我价值的认可与精神境界的提升，增强了教师的自信心、自豪感和使命感。

3.树立学习典型

学校积极开展梯级教师评选，包括：首席教师、骨干教师、教学能手、教学新秀等，对评选出来的梯级教师进行隆重表彰，组织梯级教师进行经验分享。

开展"做党和人民满意的好老师"师德主题教育活动。以"做党和人民满意的好老师"为主题，组织师德征文、最美教师评选、师德演讲等系列活动，宣传了学校教师的感人事迹，树立了榜样，号召大家树正气、扬正气，传播正能量。

开展师德师风家长问卷活动。运用问卷星设计师德风问卷，每班一个问卷，及时回收统计，并结合问卷回收率和家长反映的问题进行反馈和约谈，营造风清气正的教师队伍。近年来，学校累计有70%的教师在各种评选中受到表彰，广大教师的成就感和幸福感不断增强。

（二）让教师感悟成长之乐

教师只有在教育教学工作中体验到成功的快乐，才能把这种快乐传递给学生。真正的人性化管理，就是要尊重教师的专业发展规律，为不同的教师搭建成长的舞台；要在注重职业规划，促进专业成长，体验职业幸福上多做探索。

1.建设一支引领示范、勇于改革的骨干教师队伍

为了满足骨干教师向更高层次发展的需求，学校努力为他们搭建平台，先后成立了"名师工作室""名班主任工作室"，建立了学科首席教师制，鼓励骨干教师积极申报省、市、区级以上课题，开展带题授课。

2.培养一支能够"独立行走"的青年教师队伍

近几年来，学校的年轻教师越来越多，为使青年教师的培养更加组织化、体系化、规范化，通过开展丰富多彩的活动吸引他们的注意力，凝聚他们的战斗力。在青年教师沙龙活动中，请他们讲述身边好老师的故事，交流分享读书体会，开展团队拓展训练，组织文体娱乐、生活秀、公益服务等活动。培养青年教师的团队意识、读书习惯和合作交流能力。

3.培养一支脚踏实地、不断进取的群体教师队伍

要求每位教师量身定制自我发展三年规划，引导教师准确定位，将自身发展与学校发展联系起来，找到自己的最近发展区，激发专业发展内驱力，变"要我这样做"为"我要这样做"，让每个人在原有基础上都获得发展。通过规划、实施、诊断、反思、总结、交流的循环，学校逐步建立起省市区级学科带头人、校级学科带头人和教学骨干三个级别的梯队，并分层次、有针对性地进行培养，扩大骨干队伍，为学校发展夯实基础。

4.扎实开展"悦课堂·悦成长"为主题的系列活动

（1）悦启课堂，课程纲要分享课

作为开学第一课，各科的课程纲要分享课是老师们的第一项教学任务。按照学校假期前的安排，老师们在假期里已经做好了充分的准备，从开学第一天开始，学校就开始了紧张有序的课程纲要分享课比赛。

（2）悦师课堂，一师一优课评选

为了保障活动持续、有效地开展，学校多次召开会议，教导处制定活动实施方案，并成立"一师一优课，一课一名师"评选活动领导小组，同时召开全体教师会议，要求在全校范围内逐级开展"一师一优课，一课一名师"评选活动，为每位教师提供在线"晒课"交流的机会。

（3）悦享课堂，教研组优秀悦课堂教学分享

给教师们搭建一个相互学习、相互交流、相互提高的平台，在整个赛程中，参赛教师积极准备、备课组集体打磨、评委们高度负责、教导处全程跟踪。评选活动对老师们是一个有效的激励，对辛勤付出的教师是一个莫大的鼓励。

（4）悦动课堂，师徒同课异构

选拔骨干教师作为年轻教师的指导教师（师傅），助力青年教师专业成长。师傅制定有针对性的培养方案，对徒弟提出明确具体的要求，指导徒弟制定个人的成长提高计划。师傅对徒弟言传身教，师徒每周互听一节课，每月帮助徒弟备一次课，检查一次徒弟的教案，提高徒弟分析教材、处理教材的能力。

（5）悦纳课堂，教师互相听课

学校领导班子成员不定期进课堂，扎实开展推门听随堂课活动。活动中，校长率先垂范，分管领导积极支持，各教研组长和全体老师全面配合，听课面涵盖了各年级各学科。听课后为每位教师打分评价，每周进行小结，每月公布观课等级，促进常规课堂优质化。

（6）悦彩课堂，精彩悦课堂展示

每周语文、数学、英语等学科各上一节悦课堂案例课，以教研组为单位进行上课，各教研组在学校群里提前公布本学科教研时作课教师、时间、班级和本次教研主题，明确教师观课的问题点。教研时，结合观察点，有理有据的说课、议课。持续性的务实教研，使得老师们的观课有的放矢，议课切中肯綮，教研水平有很大提升。

（三）让教师享受家园之乐

我们有责任为教师构建一个充满人文关怀的工作环境与氛围，让平淡的生活变得有声有色。教师合唱团提升了教师文化和艺术修养，活跃了业余生活。工会组织切实为教职工谋利益，维护职工合法权益，在工作和生活上切切实实为教职工办好事、办实事。通过教代会、座谈会等，充分发挥工会在学校民主管理中的作用。听取教师对学校发展的意见和建议，凝心聚力，提高教职工主体意识，促进学校和谐发展。

1. 开展教师汉字书写活动

为了弘扬中华优秀传统文化，提高教师的书写水平，学校开展了教师汉字书写比赛，为老师们提供了交流学习的机会，提升了老师们的基本功，同时也让老师们在工作之余放松了心情。

2. 组织教师"阳光健身，幸福教育"专场健身活动

定期组织教师进行阳光健身活动，老师们在活动过程中愉悦了心情，锻炼了身体，感受到了运动的快乐，他们会把这种积极、快乐的精神带到课堂上、工作中，影响自己的学生，营造健康文明的校园。

3. 举行教师趣味游园活动

包括套圈、桌上足球、投壶、飞镖掷准、迷你高尔夫、掷沙包等项目。活动过程中，老师们迅速做出决定，思维、判断力都得到了提高。不仅强健了体魄，而且在实践中感受到团队的重要性。

除此之外，还开展了"悦动越美丽""甜蜜蜜牛轧糖制作""道德讲堂""志愿者服务"等活动，展现了学校教师阳光向上的精神风貌。实践证明，因为有了精神的引领，有了专业的追求，有了家园的温馨，学校教师已经形成了强大的凝聚力。

三、注重科研引领，提高教师的科研能力

学校秉持"科研兴校，科研强师"的目标，充分发挥教育科研在学校发展和教师成长中的引领作用。一是扎实开展悦课堂教学案例研究，以学科组为单位，每周组织一节课例研讨课；二是开展小课题研究，以教研组为单位，以教学实践中的问题为课题进行研究，参研老师每月撰写一篇课题研究小结，每月组织一次小课题研究交流会，以科研推动教研；三是积极申报省市级课题，每学期组织一次省市级课题阶段成果交流会，扎实做好课题的开题、中期汇报与结题工作。一批批年青教师在课题研究中迅速成长起来。

第三节 拓宽培训渠道，搭建成长平台

教育，以发展学生为中心；学校，以师生成长为主旨。专业知识与专业技能不断提升，教育理念和职业精神不断升华，是教师发展的根本。因为，教育的智慧来自教师的智慧，教师的智慧开启学生的智慧。

一、文化建设熏陶人

（一）建设人文愉悦的管理文化，实现教师自主管理

1. 出台悦管理制度

学校管理必须有章可循，有法可依。出台相应的规范约定，在教师中形成一种心理认同，就成了学校文化建设的必行之事。一是学校广泛征集意见，修订、完善、补充学校各项规章制度，形成一个凸显本校优势、体现校本意识、具有学校特色的比较规范、高效的组织管理系统和规范体系。倡导全员管理、自主管理，向着管理的最高境界"无为而治"而不懈努力。把"学校发展，人人有责"细化为学校发展，我的责任；学生发展，我的责任；自我发展，我的责任；人人尽好份内之责，努力做最好的自己。二是广泛征集教师誓词、学生誓词、家长誓词。让誓词成为学校每位教师履职尽责的精神动力、行动指南和共同心声。三是实行每天五问制。

2. 构建五级学校管理网络

学校管理文化是学校发展的关键，是正常教育教学秩序的保证。学校努力构建校长室—部门科室—学科组—学段教研组—教师五级管理网络，实现自上而下层层

管理，自下而上积极配合的循环式管理目标。

（二）创建舒适温馨的品位办公文化，提升教师工作审美

为了营造整洁、文明、向上、快乐的工作环境，我们借鉴定置管理理念，要求办公用品摆放合理有序，把办公室布置得像家一样温馨，提升教师工作、生活、学习品位。为确保实效，每周进行一次文明办公室评选。

二、常规培训指导人

（一）走出去，拓广天地长学识

一是凡是上级部门组织的培训，学校会尽可能争取让更多的老师参与培训，尽可能选派业务素质强、有发展潜力的骨干教师、种子教师参加学习培训；二是学校尽最大努力组织更多的教师外出培训、参观，外出学习的老师返校后，不仅要写出学习心得，还要就学习内容向全校老师进行分享，以达到共同提高的目的。

（二）请进来，全面指导提能力

一是邀请省内外教育专家到学校做学术报告，帮助老师们更新教学观念，提升专业素养；二是邀请省、市、区教研室的教研员到学校进行专业指导，为学校的教学工作把脉诊断，帮助教师提升课堂教学能力；三是邀请省、市级名师到校与校内教师进行同课异构，帮助教师们找差距，树目标。

三、校本研修成就人

（一）构建研修一体的校本研修模式，提高教师专业素养

教研组建设是学科教学能力建设的核心，是学校开展高质量教育教学的关键。我们向各教研组提出了关注课堂，结合课题，深化课堂教学改革的要求，使教研组活动规范有序。各教研组能以"研修课"为主要内容，加强共同协作与探讨，认真落实好每一次的教研活动。在活动开展过程中，做到定时间、定地点、定人员，保证每位教师都能深入参与活动。同时各备课组加强集体备课研究，采取"互助式教

研"方式，商讨解决教学实际问题。

1.实施教师整体素能提升工程

一是校本研修坚持每月一主题，每周一次学段组的主题研讨，间周一次学科组的大型主题研讨；二是通过教师论坛、师徒结对、专家引领、同伴互助、自我反思、周研讨课等形式，促进每一位教师的幸福成长。

教研活动以课堂展示为抓手，扎实有效地进行。学期初，教导处安排好公开课展示的时间，这样便于老师们及早着手准备。有了课堂为依托，老师们进行交流时就会有的放矢，集中有效地解决课堂中出现的问题。难以解决的问题，要在备课组进行集体研讨时再次深入探讨，直至问题得到有效解决。

2.实施新教师教学技能提升工程

针对学校每年都会增加十余位新教师的现状，学校把新教师培训作为校本培训的重点。新教师培训本着"一年培养，两年胜任，三年成才"的培养目标，采用集中培训、分散自学和考核评价相结合的形式进行，共分五个阶段、七个模块、二十项培训和考核，有效地促进了新教师的专业成长。

（二）以教学常规活动为突破口，促进教师专业成长

一是校际合作谋求发展。作为学区点学校，加强与兄弟学校的合作，充分利用兄弟学校的教育教学资源，拓宽校本培训的师资渠道，增加教师培训机会；二是组织名师观摩课、市区教研室专家指导课、校级骨干教师示范课、组内教师研讨课、青年教师达标课等，为教师的专业成长搭建平台。

构建以学科教研组为基础的研修一体的校本研修模式，扎实开展基于标准的教学设计、教学案例研究活动。以学校发展为出发点，以学科组成长为着眼点，以年级组建设为突破点，积极承担省、市级课题研究。构建以师为本的"幸福教师"成长体系，成就每一位教师的幸福教育人生。

四、师德活动催化人

专业培训让教师走上了成长的"高速路"，师德活动的深层次推进无疑为老师

们的成长插上了坚实的翅膀。我们以师德建设为抓手，以"悦师德·悦身心"为主题开展系列活动：

一是组织师德师风自查活动。定期组织师德师风自查自悟活动，找差距，树典型。二是举行"今天，我们怎样做学生喜爱的老师"教师征文活动，此项活动的意义并不在于老师写了一篇文章，而是在写文章的同时，对自己心灵的净化，有了对教育教学行为的思考，才能在行动上有进步。老师们都能从自己的教学案例中寻找着眼点，结合教学实际，取得了较好的效果。三是举行"我最喜欢的老师"评选活动。通过评选，一批爱生敬业、锐意进取的榜样老师脱颖而出，向身边的榜样学习是老师感受教育最好的方式之一。四是开设"争做智慧、博爱、有责任心的教师"论坛。理越辩越明，事越捋越清。在这个平台上，正气得以宣扬，灵魂得以净化。五是开展由学生、家长、教师和学校师德管理机构共同参与的师德师风大家评活动。通过评选，大家认识到了自身的不足，发现了身边的榜样，找到了前进的目标。六是举行"悦之声"师德主题征文，寻找身边榜样，树立师德标兵。七是组织"悦身心"专场健身活动，老师们放松了身心，感受了快乐。八是组织教师趣味游园活动，通过桌上足球、迷你高尔夫等竞技展示，熔炼了团队。九是组织"秋日寻宝"户外活动，增强了教师团队意识。十是 开展"沟通你我，心灵无牵绊"谈心活动，情暖老教师、心系女教师。

多彩的活动，提高了境界，丰富了生活，增添了情趣，沟通了心灵，浓厚了情谊。

第四节 悦行悦远

学校是师生成长的精神家园，师生共进，师爱生，生尊师，师生和谐，教学相长，其乐融融。实施悦教育，知识与修养并重；展现悦成长，成人与成才双得。我们的学校，不仅是培育孩子成才的摇篮，也是造就教师成长的沃土。

一、和孩子们一起快乐成长

翻开一本本作文，看到孩子们不约而同地在文章中写到苏老师是他们的好老师时，苏老师除了惊讶，更多的是幸福。她为孩子们的懂事、体贴而欣慰。她不厌其烦地在每个孩子的本子上留言"Thank you!"。做这群孩子的班主任，苏老师很知足，也很幸福！

是的，作为八班一员，她是幸福的！还记得班级刚刚组建的时候，恰逢苏老师的生日，不知哪个机灵孩子打听到了，他们便一传十，十传百，后来居然有人悄悄买了生日蛋糕。两个蛋糕，全班孩子一起分享，苏老师虽然没有吃，但心中却比蜜甜。

刚刚接班，压力很大，整天忙碌于学生，她却忘了自己的喉咙在疼。一天早上，苏老师一如既往地早早来到教室，一个孩子跑到她的身边，将一盒金嗓子塞到她手里。苏老师感到心头一暖，多么细心的孩子！要知道，那一刻，老师连他的名字都还没弄清楚。苏老师突然意识到，孩子们愿意接受并有些喜欢她了！她对经营好八班充满了信心。

日子在忙碌中一天天过去，八班的各项工作渐渐步入正轨。苏老师看在眼里，喜在心头。恰逢学校开展队会比赛，为了激励孩子们做得更好，她决定带领同学们报名参加，并很快定下主题"争做优秀八班人"。令苏老师欣喜的是他们居然得了第一。孩子们将此事告诉了家长，田圆妈妈打来电话，大概意思是：将孩子交给苏老师很放心，愿意配合老师的各项工作，与老师一起关注孩子的成长，关注八班的成长。面对家长的信任，苏老师的心中再次充满力量，对带好八班有了更足的信心。

在随后的日子里，为了让班级各项工作更加有序，为了保证每一个孩子有更好的发展，苏老师发动学生创办班级作文周报。第一期报纸很快完工，但如何打印却成了最大的问题。选择学校打印，数量太多，机器有限，难免有时会遇到扎堆情况。如何保证周报在每周二下午之前准时发放到孩子手里，成了苏老师那一周最头疼的问题。思来想去，她决定动用孩子们的力量来解决问题。孩子们很快就提出解决问题的初步方案：由多个同学自告奋勇去多家复印店同老板谈判。好消息很快传来，孩子们联系到一家复印店，对方愿意以每张五角钱的价格帮忙复印，这足足比市面上正常价格便宜一半。孩子们很兴奋，苏老师也很高兴，她为孩子们极强的交往能力而骄傲。

再后来，苏老师组织学生写个人作品，组织班级读书交流会，开展综合实践活动，自主策划班级联欢会……无论哪一项活动，孩子们认真准备，积极参与。以写作为例，迄今为止，班上有些学生已完成多部个人作品。且不说作品内容如何，单是那份执着的精神已令老师感动不已。

就这样，苏老师和她的孩子们一起努力着，成长着，快乐着。

二、播洒爱的种子

赵老师是一名的美术教师，每天跟孩子们一起享受着创造的快乐，过着无忧无虑的小学美术教师特有的幸福生活。直至她到一所农村小学支教，一切都发生了改变。她在支教学校接到的工作任务是四年级数学课兼班主任，这都是她过去的教师生涯中从来没有涉足过的领域。看着领导信任的眼神，赵老师毫不犹豫地接受了这份沉甸甸的挑战。

难题接踵而来，她要一个个去攻克。不会数学课的教学，赵老师就向书本学习，向名师的视频学习，向身边的优秀数学教师学习。记得有一次，要教学生做数学思维导图，她专门买了三本书自学，经常熬到半夜两三点，只为给孩子们总结方法，做出范例。赵老师寻找身边一切可以学习的资源，一遍又一遍的给老教师打电话，向他们咨询教学方法、课堂流程和作业设计。滴水穿石，她的笃学不倦，换来的是娴熟的课堂教学以及对教学内容的深刻理解。

班级管理是摆在赵老师面前的另一个难题。她支教的学校是一所面临拆迁的农村小学，学生家长因家中的拆迁终日心怀不安，根本无暇顾及孩子。学生开口闭口都是"我们家拆迁能赔偿多少多少钱"。孩子们的学习习惯不好，人生观、价值观存在着严重的错位。于是，她从班级文化建设开始，给班级取名为"乐学班"，激发孩子们学习的斗志；跟学生一起制订班级公约，营造健康的班级氛围；带学困生一起跑步、做游戏，拉近和他们的距离，让他们对老师不再是敬而远之。班上有个孩子叫小聪，他妈妈曾经多次给赵老师打电话，说孩子不洗脸，不刷牙，真是拿他没办法之类的话。她也发现这个孩子不太讲卫生，不爱写作业，不爱听课，不爱当众讲话……赵老师把小聪的缺点全都忽略不计，而是努力去找他的闪光点。她发现，小聪管理能力很强，做手工非常细腻。赵老师就让他当路队长，锻炼他的胆量。开设的黏土社团，首先把他吸收进来，没想到他确实没有辜负老师的期望，工作井井有条，作品栩栩如生。

赵老师每天都在播撒着爱的种子，每天都在享受着和孩子们在一起的快乐时光。

第七章

悦享评价，我心飞扬

各美其美，美美与共

立足过程，关注全面，多元立体，促进发展。

给每位学生一个舞台，让每位学生都能出彩。

六年的小学教育，在学校这片沃土上，我们都能听到每一个孩子拔节成长的喜悦之声。

第一节 实施悦评价，实现悦成长

《基础教育课程改革纲要》指出：评价改革的目标是改变课程评价过分强调甄别与选拔的功能，发挥评价促进学生发展、教师提高和改进教学实践的功能。我们积极倡导"关注过程，促进发展"的评价观，立足实际，突出特色，探索出了促进师生双向发展的悦享评价体系。

一、构建悦享评价体系，促进学校和谐发展

（一）班级层面

实行促进学生全面而又个性发展的评价——"星卡晋级奖"。星星卡——月亮卡——太阳卡的层层递进，加强学习过程中对学生的合作态度、合作方法、参与程度的评价，建立了多元化、多角度的激励性评价体系。我们坚持过程性评价与终结性评价相结合、个人评价与小组集体评价相结合，建立了班级学生"星卡晋级奖励"评价制度。"星卡晋级奖励"分为个人和团队两个层面。个人评价从星星卡到月亮卡再到太阳卡；团队评价从星星团队到月亮团队再到太阳团队。每十张星星卡兑换一张月亮卡，每十张月亮卡兑换一张太阳卡。评价层层递进，只要学生在劳动、卫生、文明、礼仪等方面有进步，都可获得一张星星卡。对学生在课堂表现、课外活动、日常表现等方面进行累积性评价。课堂上，奖励优胜小组和勤思善言、检测过关的学生；课外活动中，奖励书画、诵读等活动积极的学生；日常管理方面，奖励在劳动实践、文明礼仪、助人为乐等方面表现突出的学生。

每学期末，学校根据学生获得星卡的情况，进行相应的奖励，激励更多的孩子

进步。以"星卡晋级"为激励手段，实施多元化、多角度的激励性评价，让学生体验到成功的愉悦。全校每一个学生均可获得不同程度的奖励，全面提高了学生学习的积极性，激发了学生的学习动力。

（二）年级层面

制定适合本年级学生特点的多元评价方案，采取多元评价方法，体现年级特色，年级内老师积极参与。例如：美术课上，老师会提醒学习的坐姿、站姿；道德与法治课上，老师会讲一些关于礼仪的小故事；体育课上，老师会教给学生形体上的规范；音乐课上，老师会渗透心理学小故事，帮助孩子们树立乐观的心态……老师们全员参与，相互交流，形成合力。

（三）学校层面

依据《国家基础教育课程改革纲要》和《课程标准》，围绕学校的培养目标，以学生为主体，通过国家课程校本化实施，构建适合学生发展的课程体系，让学生在丰富的课程体系中实践、感知、领悟、收获，为他们提供丰富多样的课程，使师生有更广阔的发展空间。

学校从多维评价（兴趣性、参与率、收获度）、多元评价（学校、教师、家长、学生和同伴）、过程性评价等几个方面，建构悦评价体系，促进学校和谐发展。

1. 对教师教学效果的评价

对教师的评价主要包括教师制定的学科课程纲要是否科学可行，所制定的教学计划是否适合学生认知发展水平和心理特点，是否有利于学生的全面发展，教学内容是否具有时代性、层次性和综合性，教师在课堂上是否能关注每一个学生，教学目标的达成度和教师在课程开发实施过程中其专业水平的提高程度等方面。

评价方法：

学校评价：学校成立评价考核小组，结合教师在课程开发和实施过程中的资料，如规划方案、教学计划、教学内容、课堂实施效果、教学目标的达成度等，通过听课、资料评估、听取学生反映、对学生和家长进行问卷调查等方式，作出一定的评价。

教师自评：教师在课程开发与实施过程中，进行自我评价，检视教学效果，调整教学思路，评估课程目标的科学性。

学生评价：通过座谈会、调查问卷和个别谈话等方式，了解学生对教师的课程实施、课程内容的评价，并以此了解学生的需求，不断提高课程质量，满足学生个性成长的需求。

2. 对学生学习效果的评价

对学生的评价主要从学生出勤情况、学生课堂参与度、团体合作能力、创新创造能力、问题处理能力和学习态度、学习效果等方面进行评价。

评价方法：

学生自评：教师确定评价项目和评价方法，学生结合自己的具体学习情况进行自我评价。

教师评价：教师在课堂教学过程中，观察学生课堂交流和学习过程中的情况，以及学生完成作业和综合展示、书面考核等综合表现，对学生进行评价。

小组评价：以学习小组为单位，由教师确定评价内容和评价方法，组员之间相互进行评价。

家长评价：充分利用互联网的优势，由学生家长针对学生的学习习惯、学习兴趣和学习效果，对学生做出评价。

二、 构建学生学业质量评价体系，促进学生健康成长

（一）帮助每一位学生获得成功

在对学生的学业评价中，重视对学生学习全过程的积极评价。教师在学生学习过程中，注意采用多种形式进行师生之间、生生之间的有效评价，及时反馈学生的学习状况，调动学生的学习积极性。一是以作业本为媒介，对学生的学习进行即时性评价；二是以日常展示为抓手，对学生的作业、作品、课外研究成果进行层级性评价，提高了学生的探索精神和学习品质；三是以悦课堂为途径，对学生个体的课堂参与、学习态度与习惯、悦学小组合作学习状况和课堂的整体状况进行评价，让

学生会学习、会合作、善质疑、乐思考，激发每一个孩子的潜能，促进每一个孩子的成长，打造团队正能量，促进学生个体、学习小组及班级团队的整体发展；四是以学生成长档案为载体，引导学生记录学科学习的轨迹，指导学生了解自己学习的发展状况，体验学习的成功；五是以《悦童年——学生成长手册》为平台，通过自评、互评、师评、家长评等立体评价网络，让学生体验成长的快乐。

（二）低年级实行模糊式的自主评价

小学低年级学生刚进入学校，需要有一个心理适应阶段。在这一阶段，我们要想办法让他们喜欢学习，悦纳学习，进而热爱学习。因此，低年级的学习评价应该让学生时刻感受到成功的愉悦。

在一、二年级实施模糊式的自主评价。学生平时作业用"红星""红旗""红花""火炬"等形象图形表示，并加上简单的批语。期末根据低年级孩子的年龄和心理特点，通过学生喜闻乐见的游园和闯关活动，采用听、说、读、写、拼、画等形式，对孩子进行多方位的综合能力检测。其中：一、二年级数学采用"游戏闯关"的形式，包括"神机妙算"笔算题、"心灵手巧"测物体、"火眼金睛"说钟表、"奇思妙想"购物品等，孩子们在一个个模拟的生活情景中玩数学、用数学，体验着学习数学的乐趣。一、二年级语文的自主测评让孩子们通过争当认读小明星、朗读背诵小达人、口语交际小能人、看图说话小牛人，感受学习语文的乐趣。三年级的玩转英语游乐场，通过健康运动、优美朗读、大胆交流、快乐书写、自信表达五个环节进行，以听、说、读、写、演为路径，分别考查学生在语音语调、情景交际、规范书写和主题说话等方面的能力，孩子们在轻松愉悦的氛围中体验着说英语、展英语、写英语、用英语的快乐。在自主评价过程中，邀请家长当评委，参与评价。"中国日报中文网""映象网""中原网""郑州教育电视台""郑州教育信息网""郑州教育"微信，相继报道学校的自主评价，得到了社会的认可。

（三）中、高年级实行"分项考核，综合评价"

在中、高年级改变过去一张试卷定乾坤的考试评价方法为化整为零,按月分项、分阶段考核，综合评定成绩。分项考核是指设立月单项能力考核制度，按月设定考核内容，加强形成性评价的力度。综合评价是指期末对学生学科学业成绩的评价，根据课堂记录、日常作业、单元作业、月考核成绩、期末试卷成绩等按一定的权重综合评定等级。期末师生共读试卷活动和一年一度的学业质量健康体检有效地促进了学校管理、教师教学和学生学习策略的改进，促进了孩子们的健康成长。

（四）增设特别评价——"悦实践"作业展评

每学期初和学期末，学校开展"悦体验·悦成功"为主题的系列作业展评，我和悦豆共舞新年、我爱郑州、悦动寒假、阅读卡、手抄报、英语绘本、剪剪贴贴、数学日记、数学故事……优秀的作业不仅体现了学生丰富的学习生活，同时体现了学校培养学生个性品质、愉悦生活的理念，让学生展示了风采，体验了成功。学生在交流欣赏中，感受到了榜样的力量，提高了孩子们完成作业的自觉性，对学生学习起到了良好的促进作用。这项作业展评的成绩同样记入学生的成长手册。

三、 构建学生综合素质评价体系，促进学生全面发展

学生的综合素质评价强调了对学生发展过程的评价，也就是对学生为达到目标付出的努力和体验给予及时的评价，关注、赏识学生的每一点进步，使学生时刻感受到来自教师、家长、同伴的支持和帮助。同时，在这种评价中不断矫正自己的行为，以达到预期的目标。因此，对学生的综合素质评价的过程就是促进学生全面发展的过程。

（一）《悦童年——学生成长手册》，记录学生在学校的快乐生活

1.《悦童年——学生成长手册》突出了学生是评价的主人

《手册》使用的过程是学生在家长的帮助下进行自我反思、自我改进的过程。从开始的"成长中的我"，到"健康成长""勤奋学习""快乐生活""闪光的足迹""兴趣爱好""兴趣生活""兴趣生活中的故事"和最后的"多彩的假期"都给学生留有充足的自我评价、自我反思的空间。

2.《悦童年——学生成长手册》对学生的综合素质进行全面评价

除了学业成绩、评语之外，还对学生的身体、心理、爱好、良好习惯以及责任意识等进行评价。记录学生的发展过程，包括自己的努力和获得的体验。在评价项目中，不仅看重结果，更是呈现学生努力的过程。

3.《悦童年——学生成长手册》体现了多主体的帮助

手册中设有"期末留言板"，变教师一人写评语为学生自己、好朋友、家长和教师共同写评语，让学生在评价中受到激励、学会欣赏他人，让家长在参与中促进亲子之间的沟通和交流。评语由"说说我的心里话""班主任对我说""_____对我说""爸爸妈妈对我说"四部分构成。从不同的角度，用不同的眼光，引导学生去看、去听、去写、去评，增进了师生情、亲子情和朋友情，使四心相连。

（二）提供多种机会，让每一个孩子都能享受成长的快乐

悦教育就是要让每一个孩子都能享受成长的快乐。多一把评价的尺子，就多出一批好孩子。我们淡化了学期末的评"三好"，强化了学期中的评"十佳"，让更多的孩子获奖。"十佳"评选对全校学生来说，机会均等。只要努力了，进步了，通过自行申报，班级审核，都能获奖。

（三）在日常教学中，提倡多种评价方式

对于不同年龄段的学生，教师要采用不同的评价方式，关注学生全面发展，对学生的行为给予及时的评价、指导。低年级设置了"劳动能手""自理标兵""小巧手""小健将"等十多种称号，涉及学生成长的方方面面，老师们运用体态语言式、口头表扬式以及书面评价、愿望满足、家校协同等多种多样的评价形式对学生的进步给予及时鼓励。在中、高年级，教师运用正向联系本、表扬卡、作业评语、周末知心话等形式对学生进行即时性评价。

利用米学网资源进行过程性评价，评价方式为：给学生发小红花给予鼓励，发送小红花的同时配上一定的评语，老师随时发布，家长即时接收，让鼓励加速。当然，如果教师发现学生在学校的表现情况需要与家长沟通，也可以通过过程性评价的发送问题向家长及时反馈。除了发送小红花的形式，教师也可以通过发布笑脸等方式对学生的课堂表现（包含倾听、思考、合作、表达等维度）和作业情况（包含

态度、书写、及时改错、正确率等维度）给予评价。

四、师生在悦享评价中实现悦成长

悦评价有效促进教师悦教、悦研、悦思、悦成长，老师们以精研提升业务、以视野开阔情怀、以学习丰富内涵、以发展收获幸福。他们在实践探索中更新了观念、提升了素养、激发了热情。经过尝试，我们发现：学生脸上的笑容增多了，自信心增强了。在活动中也勇于展示自己，各种能力都有了不同程度的提高。学生以评价为依托，充分发展个性特长，在各级各类活动中锻炼、展示自我，促进学生全面而有个性地成长。

教育是一门科学，评价是一门艺术。悦享评价更是教师观、学生观、教育观、质量观等艺术之花的灿烂绽放。只有将博大的爱，殷切的希望化作知心朋友般亲切的语言，淳淳教导，循循善诱，才能激发起学生探索的兴趣，融洽师生关系，增强学习的信心和力量，让师生在快乐的体验中实现快乐成长。

第二节 学生成长例说

　　每一个学生都具有极大的潜能，我们应该用极大的热情期待孩子们潜能的发展，用极高的智慧引导孩子们潜能的发展。每一个学生都具有各不相同的智能组合，我们应该用敏锐的眼睛看到孩子们的强势智慧，并竭尽全力帮助孩子们使这种优势得到顺利地发展。

一、宽容造就了一个"小书法家"

　　胡老师担任的是书法教学，每学期都要组织学生进行书法比赛。有一次，在看学生上交的书法作品时，发现朱帅旭和陈雨诗的硬笔书法作品字迹和内容竟写的一模一样！胡老师结合这两个学生的平时表现和字迹进行分析，断定是朱帅旭让陈雨诗代写的。朱帅旭生性胆小，课堂上很少发言，但学习和练字还是挺认真的。

　　于是，胡老师把朱帅旭找到办公室，直截了当地问："前天的硬笔书法作品，是你自己写的吗？"他犹豫了一下，怯生生地答道："是，……"随后，就面红耳赤地低下了头。他的窘态，证实了老师的猜测。于是胡老师拿出一张作品纸，想让他把书法作品当面再写一遍，然后严肃地批评他一顿。

　　但是，就在这一瞬间，胡老师迟疑了。看着朱帅旭那羞愧的目光，他脑海里突然闪现了苏霍姆林斯基说过的话："如果对待儿童的错误行为像对待成人一样进行揭发和谴责，那么他们往往会变得沉默寡言，不愿意接近同学，其敏感的心灵中就会长时间的，甚至终身留下伤痕。倘若如此，教师就是千古罪人了""教育技巧的全部奥秘就在于如何爱护儿童积极向上的精神和努力提高道德水平的积极性""要想形成儿童良好的道德面貌，必须发展并巩固儿童自我尊重的感情""只有在教师和集体都能首先看到儿童身上的优点的地方，才可能出现这种积极向上的热忱"。

胡老师努力平息自己，"不，不能这么做！"他暗自对自己说。于是又缓缓地把作品纸放回原处，心平气和地对朱帅旭说："老师相信你，好了，没别的事了，你回去吧。希望你写出比这次更好的作品。"

有些事情常常会超出老师的意料。第二天早晨，胡老师刚一到学校，朱帅旭就交给他一张新写的书法作品和一张叠得方方正正的信纸。胡老师打开书法作品一看，字体工工整整，因为他的书法功底很好。再打开信纸，原来是一份检讨书，上面工整地写道："老师，昨天我因生病输液，没时间写书法作业，不交又怕您责备，就让别人替我写了。虽然您没有批评我，但我心里比挨您批评还难受。我把书法作业重新写了一遍，今后我要更加努力的练字，请您看我今后的行动吧！"

的确，在以后的事情发展中证明了这一点，朱帅旭兑现了自己的承诺，每天坚持练两张字，抽空便让胡老师批改，硬笔书法的水平突飞猛进。胡老师又把他特招到学校的书法社团，进行更专业的毛笔书法训练。朱帅旭更是严格要求自己，刻苦训练，书法水平跃到社团的前列，成为书法社团的优秀学生，曾代表学校参加多项书法比赛并获奖，尤其是在"笔墨中国·全国青少年儿童书法比赛"中，他荣获一等奖，作为代表和其他七位同学一起到北京参加颁奖仪式，并参与了中韩书法交流活动。

二、"坏孩子"成长记

李老师刚接手了一个新班，就发现了一个特殊的孩子，他叫小宇，个子高高的，人长得胖胖的，皮肤挺白，可脸整天都是黑黑的，手也是黑乎乎的，他还时不时地找点让老师头疼的事，一旦找他谈话，这孩子又总是一声不吭，任老师在那里滔滔不绝。

（一）过招一：就是不写作业，看你怎么办

"老师，小宇没写作业！""老师，小宇说作业忘家里了！""老师，小宇……"

接连一个星期，都是这个小家伙不写作业，李老师使劲浑身解数，想尽各种办法，找他谈话，谈心，可人家压根不管不顾啊，我行我素，就是不写！哎呀，真是让老师头晕，怎么会这个样子呢？好！那就见招拆招呗，他不主动写，李老师就把他留在教室单独辅导。问题又来了，只要李老师稍不留神，这孩子就脚底抹油——溜之大吉了！

（二）过招二：就是不管不顾班级纪律

"小宇今天又没戴红领巾，我们班又被扣分了，看来这个星期的纪律流动红旗又落空了！"班长一番垂头丧气的话，让李老师的心情立刻沉重下来。这还没完，还没进班，班里一个小个子男生就跑到李老师跟前哭诉："老师，小宇打我！"李老师来到了小宇面前，问情况，讲道理，可这孩子依然坚持"老传统"，任李老师说的天花乱坠，口若悬河，苦口婆心，他就一反应：不吭不嗯，不搭理老师。

接下来的日子，各科老师也都陆陆续续的来说班里的纪律情况，反应的问题也总抹不开他，"小宇上课不认真，还总把自己的手想象成一架飞机，嘴里还不断发出飞机呜呜的轰鸣声……""小宇，小宇……"全是他，啊，李老师的生活似乎都被这个调皮的孩子包围了！

不达目的不罢休。于是李老师调整步伐，重新出发。

（三）方法一：了解家庭，变被动为主动

从孩子的一篇日记中，李老师发现这个孩子对他的家庭有抵触情绪，这会不会是孩子性格改变的主要原因呢？于是，李老师打算从了解孩子的家庭状况开始。

经过和家长的沟通，李老师发现这个孩子的家庭对他的性格影响很大。孩子家庭环境不是很好，家里一共有四个孩子，他是老大，爸爸、妈妈每天忙于工作，根本无暇顾及他的学习，更谈不上沟通，而且一遇到事情，家长解决问题的方法就是一打了之，缺少必要的沟通和教育，孩子学到的解决问题的方式就是打，这也就是他为什么老是有所谓的欺负别人的行为。最主要的是孩子也得不到别人的赏识，所以性格也就越来越孤僻。于是，李老师打算变被动为主动，再找他谈谈。

（四）方法二：多夸奖，多鼓励，成就好孩子

"好孩子是夸出来的！"于是，李老师便开始"善用"自己的眼睛。每天，她总是想着法的去挖掘这个孩子的优点。"呀，小宇今天真干净！""今天，你上课表现真棒！"慢慢地，小宇有了进步，每天都能认真完成作业，作业的质量也越来越高。更重要的是，李老师常常能听到小宇在课堂上回答问题时响亮的声音，在班里也能看到他为班级忙碌的身影，小宇在老师的"甜言蜜语"中慢慢改变，李老师也终于摆脱了"告状大王们"的"噩梦"了。

（五）方法三：沟通引导，学会感恩

小宇的学习进步了，可是他对家庭的疏离感怎么办呢？李老师找到了突破口。首先，她先跟孩子的家长进行了沟通。"解铃还须系铃人"，通过这次沟通，家长和孩子之间的了解更深了，也表示在家一定会多关心孩子，改变对孩子的态度。然后，结合各种体现亲情的故事，利用班队会时间对孩子进行思想教育，让孩子理解父母，孝敬父母。渐渐地，小宇对家庭、对父母有了更深的理解和更多的感激。

虽然小宇偶尔还会不写作业，还会"恶作剧"一下，但是李老师很欣慰，因为她每天都能看到小宇的进步。

第八章

悦读越美，浸润书香

生命需要润泽，心灵需要濡养。与好书相伴，与大师同行，一卷在手，浅唱低吟，会觉得一种饱满与安静、智慧与幸福。因为，悠悠书香，正酝酿着另外一颗新的种子。

第一节 让悦读成为习惯，让书香飘逸校园

学校秉承"悦文化·悦教育·悦人生"的办学理念，努力营造"以读书长知识，以读书增智慧，以读书促养成，以读书树理想，以读书塑人格"的书香校园氛围，提倡广大师生多读书，好读书，读好书，开展师生共读、亲子共读、同伴共读，创设浓厚的读书氛围，推荐优秀的阅读书目，开展丰富的读书活动，倡导学科融合、阅读与创作相结合、阅读与创客相结合，使读书成为每一个人的生活习惯，成为伴随每个人终身成长的生活方式。

一、加强领导，整体规划，让师生处处感受书香的"气息"

学校建立了"校长室—教学部—教研组—班级—教师（或家长）—学生"六位一体的阅读管理网络。将创建书香校园作为校园文化建设的重要内容，整体规划，有序推进。一壁一景皆为画，学校的楼层文化墙、名人故事长廊，角角落落都有书的身影。

二、营造氛围，搭建平台，让师生时时闻到好书的"香味"

学生进入校园就置于了浓浓的书香氛围之中。可谓是"一墙一角皆文化，一草一木蕴教育"。

（一）建立组织，让阅读有引领

学校成立了书香班级、书香办公室和书香家庭管理委员会、读书指导委员会和读书交流微信群，班班、室室、家家都有阅读计划、有阅读组织，例如："小书虫

读书社""无敌美少女读书群""我爱我家读书吧"等。

（二）设置课程，让阅读有时间

学校采取大课和小课相结合的方式，每天三节小课，其中包括晨诵、午读、暮省各 20 分钟。每周一节大阅读课，大阅读已成为悦言思辨课程中的一大亮点。大阅读课上，阅读指导、美文欣赏、心得交流、好书推荐、主题演讲、情境表演等应有尽有，确保了师生读书有时间，交流有平台。

（三）好书推荐，让阅读有方向

根据不同年龄阶段孩子的特点，学校每年都会向学生发放好书推荐清单。

（四）建立阵地，让阅读有保障

学校以图书室、开放式读书吧、班级图书角等为阅读阵地，不断扩充图书种类及数量，提高图书利用率。让好书在班级间漂流，让学生花最少的钱读最多的书。同时我们还鼓励学生在家里建立自己的藏书架。让学生浸润在墨香、书香里，让学生乐享阅读。

（五）教师引领，让阅读有表率

一个爱阅读的老师才能培养出爱阅读的学生，读书已成为学校教师的生活习惯。教师阅读采取自主阅读与集体阅读相结合的方式，每天阅读一小时，每周一篇读书心得，每月一次教师主题阅读沙龙，老师们共阅读、同交流、悦成长。在老师的影响下，学校的孩子们个个都是"小书虫"，处处可见学生手捧书本的身影。教师还根据课堂教学内容向学生推荐优秀课外读物，利用晨诵给学生朗诵经典作品，指导学生会读书、读好书。在暮省时写下水文，对学生的写作起到示范和引领作用。

三、丰富活动，增强意识，让师生细细品味好书的"滋味"

每年的读书节，学校都会组织大型读书成果展示交流和评比活动，书香班级、书香学生、书香老师、书香办公室和书香家庭纷纷登台，形式多样的成果展示精彩纷呈。

（一）举办精彩纷呈的读书节，让阅读成为一种印记

"读书从家庭开始"读书节期间，我们邀请家长一起参加。"阅读·悦心"读书节，丰盈了内心，愉悦了生活。"醉心经典，乐享阅读"读书节，开展了"一日一诗""身边好声音""创意书卡制作""品书韵""班级特色节目展演"等系列活动。"以书为伴，悦读悦享"读书节中，以年级为单位，进行了经典演绎、课本剧表演、美文诵读等活动。"智慧阅读"读书节期间，我们开展了一系列的活动：书签制作、读书手抄报比赛，把黏土手创与读书活动结合起来，充分发挥了学生的想象力和创造力。

（二）开展形式多样的活动，让阅读成为一种习惯

班级是学生阅读的主要阵地，或配乐朗诵，或演讲、讲故事，或舞蹈、表演课本剧，或一日一诗、品读书韵、诗文配画、自创绘本、写读书笔记、卓越口才展示等，这些已成为学校书香活动的常态。

（三）组织书香团队评比，让阅读成为一种责任

每学期末，学校都会举行"书香班级""书香办公室""书香家庭"集体授牌活动。孩子们为了集体荣誉，都能积极主动地参加到书香班级建设当中来，为创建书香班级而阅读，孩子们体验到了阅读就是一种责任。书香办公室、书香家庭亦是如此。

（四）开展多种阅读形式，让阅读成为沟通的纽带

为了激发师生和家长的阅读兴趣，学校推行三个共读：同伴共读、师生共读、亲子共读，定期开展好书推荐、阅读分享、师生家长朗诵比赛等活动，让阅读全方位立体化，使书香溢满家庭和校园。以书为媒，以阅读为纽带，大家共读、共享、共成长。

四、依托教研，丰富内涵，让师生尽情享受好书的"美味"

学校各教研组注重发挥团队作用，积极开展阅读示范课、研讨课、汇报课、经

验分享等形式多样的教研活动，梳理困惑、寻找策略、获得经验、丰富内涵。结合书香活动，鼓励师生读经诵典，读时文研科普，让书香厚重师生的底蕴，引领师生向更高的目标前行。

书香，使学校拔节成长郁郁葱葱；书香，使教师吐翠含芳更上一层楼；书香，使学生橘绿橙黄色彩纷呈。书香相伴，载誉前行！

第二节 书香育人春风化雨，润智润美同向同行

阅读是一种生活，阅读是一种品质，阅读是一种思索，阅读是一种境界。让师生在阅读中涵养智慧、高贵灵魂，从而提升精神品格和思想高度，是新时代悦教育的庄严使命。少年儿童的自我教育往往是从读一本好书开始的，探索一条以培养师生思想力、创造力、情感力、表达力为指向的校园阅读之路，是悦教育不可或缺的重要组成部分。

基于此，我们从"统筹安排，明确书香育人架构；建章立制，保障书香育人实施；措施跟进，提高书香育人效果；家校合力，拓宽书香育人范围；多措并举，创新书香育人路径"五个方面进行了多层面、全方位的探索。

一、统筹安排，明确书香育人架构

从小学一年级到六年级，学生的年龄大小不同，知识结构不同，要保证阅读课程的有效、有序实施，就必须全校一盘棋，六年统筹安排。我们把学生分为三个阶段：1、2年级为初级阶段，3、4年级为中级阶段，5、6年级为高级阶段。针对三个阶段学生的不同认知结构和心理、生理特点，明确不同的、阶梯式的阅读方式。初级阶段以识字、儿歌、故事为载体，进行耳听口诵式阅读。中级阶段以国家课程、校本课程为载体，进行延伸扩展式阅读。高级阶段以核心素养为抓手，进行主题式、中心式阅读。

为保证全校每一个学生都有自己喜欢读的书，我们对学校图书馆的图书类别及数量进行清点，以小学生核心素养培养要求为目标，从三个阶段学生不同的阅读形

式着眼，增加数量，补充空缺，分门别类，然后以图书超市的形式向学生推荐开放。把学生年龄、阅读方式、图书类别进行有机整合，对学校全体学生的有效阅读进行统筹安排。

二、建章立制，保障书香育人实施

阅读需要引领，阅读需要机制。为保证阅读扎实到位，常读不衰，我们从四个方面明确要求，让阅读看得见、听得到、有成效。

一是教师阅读引领。榜样的力量是无穷的，教师是学生阅读的旗帜和引领者。学校规定周一至周五每天早上和中午各有 30 分钟的班级读书会，班级读书会时间，每个教室都有一位教师和学生一起阅读。天天亦是，月月如此，班级阅读、师生共读已成为学校一道亮丽的阅读风景。

二是规定数量促进阅读。除了每周的班级阅读时间外，学校还设置了每周一课时的拓宽阅读活动课，各年级各班通过教师有组织地教学，以兴趣活动的形式，以学生阅读技能训练、阅读兴趣培养及阅读品质提高为目的，以学校育人目标和学生品德、智慧培养为依据，我们规定每个学生每学年阅读必读书目 8 本，选读书目 40 本，六年共阅读 288 本书。

三是读书节激励阅读。学校每年设两个读书节，春季读书节和秋季读书节，寓意春华秋实。每个读书节时长 5 天，读书节期间，学校举行阅读成果大展示、我和作家面对面、书店好书大采购、阅读感受大家谈等活动，展示了师生的阅读风采，激发了师生的阅读欲望。

四是考核保障阅读。考核是巩固和深化阅读的制度保障，学校出台了《书香班级建设和考核要求》《书香班级评定细则》，把每个学生的阅读成绩计入《悦童年——学生成长手册》之中，每学期阅读达标者方可评定为星级学生。

三、措施跟进，提高书香育人效果

阅读是一种习惯，而良好的阅读习惯养成则需要科学的疏导和指导。为确保学生养成良好的阅读习惯，形成良好的阅读品质，收到良好的阅读效果，学校从三个方面予以跟进，以期学生阅读能够持续深入推进。

一是阅读心理及时疏导。学生阅读从被动到主动，从兴趣到习惯，从习惯到品质需要一个长时间的过程，在这个过程中，心理疏导至关重要。我们要求学生在阅读中要静心、专心、全心，要读出快乐，读出感情，读出感悟，读出智慧。

二是阅读方法科学指导。一卷在手，怎么读？读什么？这些看似简单的问题，直接关乎着学生的阅读质量。从阅读方法上说，有导读法、迁移法、反馈法、体验法等。从阅读方式上讲，有独读式、共读式、交流式、探讨式等。从阅读技能上谈，有精读、略读、跳读、速读、朗读、默读等。学校定期举行规模大小不一、方式灵活多样的阅读方式、方法、技能讲座，提高学生阅读素养和阅读思维品质。

三是阅读效果转识成智。学以致用、立竿见影是激发学生阅读兴趣的有效之举。学校有意识的引导学生在生活常识、人际往来、语言表达、写话写文等方面运用和迁移阅读中积累的知识材料；在节日庆典、主题活动、特定场所、特殊氛围等方面创新阅读知识，生发阅读智慧。在生活学习的真实场景中，学生体验到了阅读的幸福和快乐。

四、家校合力，拓宽书香育人范围

创建书香校园，营造书香家庭。家庭阅读氛围浓厚与否，直接影响学生阅读习惯和阅读品质的培养。我们全力打造家校合力，拓宽书香育人范围，提升家长的文化素养，实现家庭与学校的教育互补，争取社会对学校教育的支持，推动学校书香育人工作的深入开展。

一是家长和学生要根据家庭实际情况制定"家庭阅读守则"；二是因地制宜，设立家庭图书柜，并确保每学年有不少于 20 本图书的更新；三是建议家长每天晚上坚持和孩子一起共享 20 分钟的阅读时光；四是每周日为家庭读书日，家庭读书日期间，家长和孩子要坚持共同阅读，分享交流；五是每月要带孩子到新华书店或图书馆一次；六是倡导家长把送给孩子的生日礼品和春节压岁钱变成送好书。

五、多措并举，创新书香育人路径

书香育人是一项综合工程，只有多措并举，多方结合，创新书香育人路径，才能最大化地发挥书香育人作用。我们从以下四个方面进行了积极地探索：一是将课外阅读和各科教学有机结合，得法于课内，延伸于课外，做到课内课外的无缝衔接；二是将课外阅读和育德、育智、育能、育行紧密结合，做到有针对性阅读，促进学生全面而有个性地发展；三是将课外阅读与学校举办的读书节、文化节、艺术节、科技节、体育节等活动连结在一起，给学生提供一个展示阅读成果的舞台；四是将课外阅读与社会重大节日、庆典活动相结合，让学生在社会场景中感悟阅读的力量。

春风化雨，润物无声；书香育人，润泽生命。当孩子们和书交上了朋友时，校园读书氛围就会日益浓厚，我们就会感受到阅读的无穷魅力，聆听到孩子们在书香的润泽下拔节成长的声音。

第九章

家校共育，并肩前行

让家庭教育回归主场

家校共育犹如一车两轮，只有同向运转、并肩前行，才能共同促进孩子的健康发展。引导家长成为学校教育的主角，家校携手，为孩子们营造幸福和谐的成长氛围。

第一节 家校同心，合力育人

随着时代的发展，当今社会越来越注重教育力量的整合和教育资源的拓展，在学校、家庭和社会"三位一体"的大教育格局中，家校共育已越来越显示出其重要意义。我们在家校共育方面目标精准、举措精细、精求实效、精雕特色。

一、用真爱走实家访路

（一）坚持生生家访

家访不是登门告状，家访不是板着面孔训话，不能有事就访，无事就放。我们以"精心备访，悉心走访，用心记访"为家访要求，坚持集中访与即时访相结合。一是抓节点集中访。每逢开学前后、放假前后、重大节日等关键时间节点，把教师分组划片，主动上门家访，了解学生情况，宣讲教育政策，征求家长意见，解说学校工作。二是优化环节即时访。针对不同班级、不同学生的发展实际，任课教师精准分析学生发展状况，带着合育期盼，带着共建思路，提前预约，精准家访，以求增强合力育人实效。

（二）创新家校联系卡

家校联系卡直观呈现学生发展动态，紧密连接家校沟通平台。我们通过家校联系卡及时记录学生综合发展情况，定期征求家长反馈意见，较好地发挥了全程育人、全员育人、全面育人的综合功效。

（三）依托网络信息技术

按照"因地制宜，常态坚持，务求实效"的原则，鼓励教师健立家校博客、微信群、班级QQ群等。借助互联网及时呈现学校和班级建设情况，及时发布学校发展综合信息，传播科学育儿的成功经验，分享学生成长进步的快乐，内容丰富、导向积极、反馈及时，深受家长欢迎。

二、正能量主导家长会

（一）突出问题导向，强化顶层设计

开好家长会，让家长会真正发挥其共同育人的作用，是家校共育的重要一环。针对家长会流程不规范、主题不明确、实效难彰显的问题，学校在广泛征求意见的基础上，出台了《关于召开家长会的建议》，对家长会的目的、原则、流程等规范要求进行说明。同时，学校每月举行一次班级家长会观摩活动，总结经验，及时推广。

（二）突出关键环节，强化正向激励

为把家长会真正开成"问题即话题，解决是目的"的合力共育研讨会、共进会，学校在召开家长会之初，严格预审方案，优化关键环节，从学生榜样交流、教师典型发言、家长互动共探三个方面安排落实到位。

（三）突出家长需求，强化举措创新

针对家长工作和生活实际，学校在家长居住比较集中的社区、企业召开家长会。针对个性发展有共性需求的学生家长，学校分类召开主题家长会，议题集中，交流充分，教育共识易于达成。针对留守学生家长流动性大的特点，学校利用开学之初召开家长会，提供一站式清单服务，搭建多元共建的家校模式。

三、多环节优化家教课程

（一）家教宣传成常态

一个优秀的学生背后，一定有一个优秀的家长；一个问题学生的背后，一定有一个问题家长。为了真正发挥家庭教育的正能量，一是坚持常态宣传不间断，结合学校教育节点要求和教师、家长的意见建议，分别采用微电影专题节目、简报专题栏目等方式，向家长普及科学的家教常识；二是集中宣传抓重点，结合家长普遍关注的热点、难点、重点问题，我们从报刊上摘录专家教授的真知灼见，集中学校教师的研讨智慧，汇集家长的观点，对要点进行整合筛选。然后把上述三个方面的智慧编印成文，发给家长学习参阅。

（二）家委会求实求真

为促使家委会有效发挥作用，立足学校发展需要，结合家长代表特长优势，学校通过聘请家长做学校监督员、赛事评委、社团辅导老师等形式，让家长更多的参与学校教育教学工作。同时，通过召开家委会联席会议，就学生教育、课程建设、学校规划等有关问题进行交流，寻求共识。

家校同心，合力育人。学校教育和家庭教育理念相合，方法相融，责任共担，为学校和谐稳定发展形成了强大的教育合力。

第二节 悦携手，悦绽放

著名教育家苏霍姆林斯基说："最完备的教育是学校与家庭的结合，教育的效果取决于学校和家庭影响的一致性，如果没有这种一致性，那么，学校的教学和教育过程就像纸做的房子一样倒塌下来。"家庭和学校作为孩子成长的两个重要摇篮，对孩子的教育和成长发挥着举足轻重的作用。在当今学校教育蓬勃发展的同时，家庭教育的地位也越来越突出。为此，我们创新开展"悦携手"主题系列活动，架起学校、家庭和社会的沟通桥梁，形成三位一体的德育网络，有效整合和利用校内外教育资源，全力打造教育合力。

一、开设家长课程，提高家长教育能力

为了全面提升家长的教育能力，促进学生的健康成长，学校开设了丰富的家长课程。

（一）分层构建家长课程——家长必修课

根据学生年龄特点，定期、分层实施家长课程，让每个年级的家长在每一个阶段都有所得。如：一年级的"如何做一名好家长"课程，二年级的"好习惯养成"课程，三年级的"良好亲子关系建立"课程，四年级的"情绪管理"课程，五年级的"青春期课程"，六年级的"毕业指导"课程。

（二）分项构建项目课程——家长选修课

定期邀请儿童教育、生理卫生、法制教育、心理教育等方面的专业人员为家长

授课，通过身边真实、生动的案例，总结出家庭教育的好办法，全面提高家长的家庭教育能力。

（三）家长私人定制课程——入户家访课

家访是了解学生情况，帮助学生成长，加强家校合作的有效手段，在教育改革不断推进的今天，家访仍有其不可替代的育人功能。学校开展"家访周"活动，组织全校教师到学生家中进行家访。通过家访，老师们了解学生的家庭环境，宣传学校教育理念，传播班级育人文化，对家长进行"一对一"的家庭教育指导。

（四）家庭教育的活动课程——亲子活动课

定期组织班级亲子活动，如：走进校园开展亲子运动会；走进中牟农业园、开封清明上河园等开展亲子社会实践活动等。在活动中，家长与家长之间共同探讨家庭教育，取长补短，共同进步，家长和孩子之间在活动中亲切互动，增进了亲子感情。

（五）家长互动课程——经验分享课

以年级为单位，由家长自荐或班主任推荐优秀家长代表为本年级家长作分享交流，共同探讨在教育孩子过程中遇到的问题和困惑，交流教子心得，分享教子经验。

二、拓宽沟通途径，密切家校联系

家长是联系学校、家庭和社会的重要纽带，为了更好地激发家长的教育潜能，畅通家校间的联系，学校开展了丰富多彩的活动。

（一）专家引领，提升家教水平

我们定期邀请家庭教育专家到学校做专题演讲，专家们渊博的知识、真诚的指导、幽默的演讲，每一次都会给家长们带来视听的震撼，带来思想的启迪和觉醒，不仅解决了家长的教育难题，提高家庭教育质量，更有效地促进家校协作，形成合力，共同呵护孩子的健康成长。

（二）专设节日，提供交流平台

为了提高家校协作合力，学校把每年的11月定为家长节。为期一个月的家长节举办了以家长为主体的系列活动，包括：学生家长共学一节课，共做一项手工，共同打扫一次卫生，完成一次教室文化布置，共同排查一次学校安全隐患，参与一项综合实践活动，家长义工等活动，给家长们提供相互交流的平台，增进了家长之间的相互了解，浓厚了家校之间的情谊。

（三）家长座谈，架起沟通桥梁

家长座谈会是学校教育工作的一项常规性工作。学校坚持每学期至少召开两次家长会、举行两次家长座谈会，了解家长需求，让家长参与学校管理，为学校发展谏言献策，真正实现"家校携手，共话成长"。

（四）家长开放日活动，体验学生学习生活

为了使家长更好地了解学校，了解孩子的学校生活，支持学校教育教学工作，每学期举办一次"家长开放日"活动。一是把家长请进来。诚挚邀请家长走进校园、走进课堂，亲临教育教学第一线，体验孩子们的学习生活。二是让家长瞧一瞧。让家长参观班级文化建设，观摩课间操、课堂教学，全面了解学校教育教学情况。三是让家长说一说。让家长交流在校一日的感受，及时听取家长心声。

（五）家长参与活动，携手共同成长

每学期家长给孩子写一封信；三八节，孩子为妈妈做一件事，让妈妈写下自己的感受；踏青读书节，家长与孩子一起走进农业公园，感受丰收的喜悦；国际文化节期间，家长与孩子共同完成宣传海报，家长与孩子合办手抄报、布置班级文化、查找相关信息，参与舞台设计、化妆、节目彩排等；教师节，家长与孩子在学校甜点室共同做蛋挞送给老师；科技体育节，举行亲子趣味运动会，家长与孩子共同体验成功的快乐；安全月活动，组织家长参与"防灾减灾大舞台，有你参与更精彩"的知识抢答赛等系列活动，促进家长与孩子共同成长。

（六）家校网络畅通，共解家教难题

寒暑假及时发放《致家长的一封公开信》，内容涉及学习习惯指导、学生安全教育等。利用学校 QQ 群，宣传家庭教育的重要性，向家长提供专家讲座及亲子活动的信息，更新家长的家庭教育理念，提高家长与孩子的沟通能力。

三、架构多维教育，打造教育合力

我们努力架起学校、家庭、社会的沟通桥梁，积极开展丰富多彩的活动，挖掘社会教育资源，协调社区，共同做好学校教育工作。

（一）密切与社区的联系，让教育活动经常化

我们邀请辖区医院的医生作为校外辅导员，定期到学校做健康知识讲座。定期组织学生到辖区医院开展志愿服务活动，通过这些良性的互动活动，增强了学生的责任担当意识。

（二）引入社会教育资源，让主题活动特色化

在经开区教文体局的关怀支持下，3月份的植树节与国外友人共植友谊之树，孩子们流利地英语口语，受到了外国友人的啧啧称赞；踏青读书节与中牟农业生态园联系，组织学生及家长到农业公园感受农业发展带来的巨大变化，让学生学会珍惜今天幸福生活的来之不易；科技体育节，学校和郑州市科技馆联系，组织学生参观科技馆，让孩子们感受科技的无穷魅力……这些社会资源填补了学校教育的不足，让活动更具特色。

（三）加强与家庭的联系，将学生的教育延展化

学校成立了家长委员会，向家委会代表们颁发聘书，汇报学校教育教学工作规划，谋求家长对学校工作的支持。学校专门设立微信公众号，及时宣传报道学校教育动态、教育新闻，将学校教育积极延展，扩大对学校的宣传面和对学生的教育面。

参考文献

[1] 方明 . 陶行知教育名篇 [M]. 北京：教育学科出版社，2005.

[2] 范燕莹 . 布鲁纳 [M]. 北京：北京师范大学出版社，2012.

[3] 郭思乐 . 教育激扬生命 [M]. 北京：人民教育出版社，2007.

[4] 孔丘 . 论语 [M]. 北京：光明日报出版社，2001.

[5] 李耳 . 道德经 [M]. 合肥：安徽人民出版社，1990.

[6] 清华大学附属小学 . 为聪慧与高尚的人生奠基 [M]. 北京：教育科学出版社，2018.

[7] 沈毅，崔允漷 . 课堂观察：走向专业的听评 [M]. 上海：华东师范大学出版社，2008.

[8] 许慎 . 说文解字 [M]. 北京：中华书局，1963.

[9] 荀况 . 荀子 [M]. 北京：中国长安出版社，1987.

[10] 叶圣陶 . 叶圣陶教育文集 [M]. 北京：人民教育出版社，1994.

[11] 佚名 . 尔雅 [M]. 北京：中华书局，2014.

[12] 于春祥 . 发现高效课堂密码 [M]. 济南：山东文艺出版社，2011.

[13] 赵祥麟，王承绪 . 杜威教育名篇 [M]. 北京：教育科学出版社，2006.

[14] 张淑兰，李景龙 . 寻找窍门——翘动学习的杠杆 [M]. 北京：中国林业出版社，2013.

[15] 郑观应 . 盛世危言 [M]. 北京：学苑音像出版社，2005.

[16] 朱永新 . 我的阅读观 [M]. 北京：中国人民大学出版社，2012.

[17] 伯特兰·罗素 . 教育和美好的生活 [M]. 杨汉麟，译 . 石家庄：河北人民出版社，2001.

[18] 多尔 . 后现代课程观 [M]. 王红宇，译 . 北京：教育科学出版社，2000.

[19] 霍华德·加德纳 . 智能的结构 [M]. 沈致隆，译 . 北京：中国人民大学出版社，1983.

[20] 罗曼·罗兰.托尔斯泰传 [M].成都：四川人民出版社，2017.

[21] 内尔·诺丁斯.幸福与教育 [M].龙宝新，译.北京：教育科学出版社，2014.

[22] 皮亚杰.发生认识论原理 [M].王宪钿，译.北京：商务印书馆，1981.

[23] 让－雅克·卢梭.爱弥儿——论教育 [M].李平沤，译.北京：商务印书馆，1978.

[24] 苏霍姆林斯基.帕夫雷斯中学 [M].赵玮，等译.[M].北京：教育科学出版社，1999.

[25] 苏霍姆林斯基.给教师的建议 [M].杜殿坤，译.北京：教育科学出版社，1984.

[26] 苏霍姆林斯基.育人三部曲 [M].毕淑芝，译.北京：人民教育出版社，2015.

[27] 约翰·杜威.杜威教育名篇 [M].赵祥麟，等译.北京：教育科学出版社，1984.

[28] 崔允漷.没有课程规划就没有课程管理 [N].中国教育报，2012-09-14（2）.

[29] 贺文静，田夏彪.小学生命教育实践质量提升策略探析 [J].现代中小学教育，2019（2）.

[30] 金亮.在社团课程中成长 [J].北京教育（普教版），2014（10）.

[31] 沈聪聪，王晓春.儿童幸福成长课程的开发建构及其成果概述 [J].小学教学参考，2019（18）.

[32] 史兆霞.共享·共研·共成长：有效教研组建设的系统推进 [J].中小学管理，2019（10）.

[33] 史兆霞."悦"来"悦"好 [J].中国德育，2016（1）.

[34] 史兆霞.构建有价值的悦课堂 [J].河南教育，2016（2）.

[35] 史兆霞.用课程润泽生命 [J].河南教育，2016（7-8）.

[36] 徐洪.基于核心素养的学校"仪式课程"建设 [J].教书育人，2017（32）.

[37] 周婧，韦婷婷，钟桢.校本课程开发的现实困境及其反思、展望 [J].现代教育科学，2019（7）.

[38] 习近平.让社会主义核心价值观种子在少年儿童心中生根发芽 [EB\OL].http://cpc.people.com.cn/n/2014/0531/c64094-25088937.html，2014-05-31.

[39] 李希贵的治校纲要 [EB\OL]. http://www.360doc.com/content/14/0205/17/357856_350002391.shtml，2014-02-05.

[40] 陈仁波.分项考核，化整为零，综合评价 [EB\OL]. https://www.docin.com/p-647999212.html，2011-07-10.

悦教育·越美好

书稿付梓，心里无比欣慰和愉悦。因为，一段跋涉奋进的旅程有了一次凝望与回顾，一种创新改革的探索有了一次反思与自省。百花园中花似锦，花红全靠育花人。一个个孩子就是一朵朵花，或清新淡雅，或浓烈馥郁，正是这千姿百态、姹紫嫣红，才有春满人间、美丽异常。每一个生命，无论他天资如何，我们都应该用心去尊重和呵护。只要我们给校园里每一位如花的孩子赋予花的含义，他们一定会花香沁人，还我们以无限惊喜。

为了让学校里每一个生动鲜活的生命成长得如花朵一样五彩缤纷，我们以少年儿童认知与情感内化、提升的成长规律为前提，赋教育以愉悦，还成长以快乐，全面深入推进悦教育实践。在探索前行的道路上，我们有喜悦，有兴奋，有迷茫，有困惑，值得庆幸的是我们一直坚持不懈，奋然前行。

还孩子快乐童年，让学习充满愉悦。学校在悦教育哲学思想的引领下，确立了"悦文化·悦教育·悦人生"的办学理念，从"悦管理、悦德育、悦教师、悦课程、悦课堂、悦评价"六个教育维度进行构建，以悦课程体系整体架构为主线，逐步形成了"悦品修身课程、悦智思维课程、悦健强体课程、悦艺雅趣课程、悦创探索课程、悦言思辩课程"六大模块为主体的悦趣校本课程体系，从而努力探索"悦教育·越美好"教育实践，全面打造"悦教育·越美好"教育特色。

探索的艰辛换来了收获的喜悦。我们的学生，能交流而神奇、思维而聪慧、创造而美丽、成长而快乐；我们的教师，能追求与进取、反思与超越、继承与创新、合作与和谐。

在悦教育的实践探索中，每一个片断，每一个场景都历历在目。尽管我们的探索不能在这里全然再现，但这并不妨碍探索再续传奇。我们的教育，正是

207

因为不断的付出与努力，而享有进步和发展。

我们曾经一同走过，现在将不忘初心，继续前行。

这是我们光荣的事业，也是我们伟大的使命。

因为我们有一个坚定的信念，悦教育，越美好！

在《悦教育·悦成长》的研究与成书过程中，借鉴了学界同仁的有关研究成果，得到了河南省教育科学研究院副院长周宝荣教授的悉心指导、郑州经开区教文体局领导的大力支持和学校教师团队的密切配合，在此一并致谢。

文兆霞

2021 年 3 月 6 日